서체자전

신비한 동양철학 · 98

서체자전

편집부 편

삼한

서체자전

1판 1쇄 발행일 | 1994년 11월 15일
1판 6쇄 발행일 | 2017년 11월 16일

발행처 | 삼한출판사
발행인 | 김충호
지은이 | 편집부 편

신고년월일 | 1975년 10월 18일
신고번호 | 제305-1975-000001호

411-776 경기도 고양시 일산서구 일산동 1654번지
산들마을 304동 2001호

대표전화 (031) 921-0441
팩시밀리 (031) 925-2647

값 36,000원
ISBN 978-89-7460-027-3 03320

한자의 기원과 발달

한자의 기원은 중국 황제(皇帝) 때 사관(史官)이던 창힐(蒼詰)이 새의 발자국을 보고 만든 것으로 전해지고 있다. 그러나 황하문명을 일으킨 고대 중국 사람들은 일찍부터 온갖 사물을 단순한 그림으로 그려 의사를 전달하거나 기호로 삼은 그림문자가 첫 단계라고 할 수 있다.

이 그림문자가 조금씩 발달하여 글자의 기초라고 알려진 상형(象形)문자가 되었다. 현재 남아있는 가장 오래된 문자는 구갑(龜甲)문자와 종(鍾)이나 그릇 등 각종 유물에 새겨진 글자들이다. 이것들은 중국 은나라 때의 것으로 추정한다.

이후 역사가 발전하면서 하나의 모양으로 정리해 만든 것이 전서(篆書)이고, 전서(篆書)를 더 간단하게 만든 것이 예서(隸書)이고, 예서(隸書)를 더 간단하게 만든 것이 오늘날 우리가 쓰는 해서(楷書)인데 기원전 3세기 무렵인 중국 삼국시대에 만들어진 글자이다.

이 외의 행서(行書), 초서(草書), 장초(章草)는 해서(楷書)를 기본으로 해서 편의에 따라 모양을 갖추어 만든 글자이다. 한자는 이와 같이 오랜 옛날부터 우리 생활과 뗄 수 없는 관계를 맺어왔음에도 한자를 잘 몰라 불편을 겪는 사람들이 많아 이 책을 내게 되었다.

이 책의 특징과 한자 찾아보는 방법

① 이 책에서는 해서(楷書)를 기본으로 각 글자마다 전서(篆書), 예서(隸書), 행서(行書), 초서(草書) 순으로 배열하여 독자가 필요한 것을 찾아 연습하기 쉽도록 하였다.

② 한자를 찾는 방법은 옥편이나 자전에서 글자를 찾는 방법과 같다. 글자의 부수와 획수를 알고, 획수에 따라 부수를 찾고, 그 부수 안에서 찾으려는 글자를 찾으면 된다.

부 수 명 칭

(部首名稱)

一畫

一部

| 한 일 一 | 고무래 정 丁 | 일곱 칠 七 | 어른 장 丈 | 석 삼 三 | 윗 상 上 | 아래 하 下 | 아니 불 不 |

| 소 축 丑 | 많을 저 且 | 인간 세 世 | 밝은 병 丙 | 이을 승 丞 | 가운데 중 中 | 헤아릴 수 개 个 | 습관 관 串 | 둥글 환 丸 | 붉을 단 丹 | 주인 주 主 |

丨部

丶部

ノ部

| 어조사 내 乃 | 오랠 구 久 | 갈 지 之 | 잠간 사 乍 | 어조사 호 乎 | 다할 핍 乏 | 탈 승 乘 |

乙部

| 새 을 乙 | 아홉 구 九 | 요구할 걸 乞 | 이끼 야 也 |

書體字典

一畫

一部

一 한일	丁 고무리 정	七 일곱칠	丈 어른장	三 석삼	上 윗상	下 아래하	不 아니불

丞 이을승	丙 밝은병	世 인간세	且 많을저	丑 소축

丨部

中 가운데중	个 헤아릴 수개	串 습관관	丸 둥글환	丹 붉을단	主 주인주

丶部

乙部

乃 내 어조사	久 오랠구	之 갈지	乍 잠간사	乎 어조사 호	乏 다할핍	乘 탈승	乙 새을	九 아홉구	乞 빌 결	也 이끼야

丿部

젖 유	하늘 건	어지러울 란	丨 部
乳	乾	亂	

마칠 료	나 여	일 사	二畫
了	予	事	

二 部

두 이	이를 운	서로 호	다섯 오
二	云	互	五

빠를 극	버금 아	적을 시	뻗칠 긍	우물 정
亟	亞	些	亘	井

亠 部

도망 망	높을 항	사귈 교	돼지 해	또 역	누릴 향	서울 경
亡	亢	交	亥	亦	享	京

밀을 단	밝을 량	정자 정
亶	亮	亭

人 部 亻同

사람 인	세간집	어질 인	기울 측	엎드릴 부	원수 구	이제 금	끼일 개	벼슬 사
人	什	仁	仄	仆	仇	今	介	仕

乳	乾	亂	丨部	了	予	事	二畫	二部	二	云	互	五
젖 유	하늘 건	어지러울 란		마칠 료	나 여	일 사			두 이	이를 운	서로 호	다섯 오

井	亘	些	亞	函	亠部	亡	亢	交	亥	亦	享	京
우물 정	뻗칠 긍	적을 사	버금 아	빠를 극		도망 망	높을 항	사귈 교	돼지 해	또 역	누릴 향	서울 경

亭	亮	亶	人部 亻同	人	什	仁	仄	仆	仇	今	介	仕
정자 정	밝을 량	믿을 단		사람 인	세간 집	어질 인	기울 측	엎드릴 부	원수 구	이제 금	끼일 개	벼슬 사

他	付	仙	匀	代	令	以	仰	仲	件	任	企	伊
다를 타	붙일 부	신선 선	길 인	대신 대	하여금 령	써 이	우러를 앙	버금 중	수효 건	맡길 임	바랄 기	저 이

伎	伏	伐	休	伯	伴	伶	伸	伺	佃	伽	似	但
재주 기	엎드릴 복	칠 벌	쉬일 휴	맏 백	동무 반	영리할 령	펼 신	살필 사	밭다를 전	절 가	같을 사	다만 단

佇	位	低	佐	佑	何	余	佚	佛	作	佞	佩	佳
오래설 저	벼슬 위	낮을 저	도울 좌	도울 우	어찌 하	나 여	편안할 일	부처 불	지을 작	아첨할 녕	찰 패	아름다울 가

伊	企	任	件	仲	仰	以	令	代	仞	仙	付	他
저이	바랄기	맡길임	수효건	버금중	우러를앙	써이	하여금령	대신대	길인	신선선	붙일부	다를타

但	似	伽	佃	伺	伸	伶	伴	伯	休	伐	伏	伎
다만단	같을사	절가	밭다를전	살필사	펼신	영리할령	동무반	만백	쉬일휴	칠벌	엎드릴복	재주기

佳	佩	佞	作	佛	佚	余	何	佑	佐	低	位	佇
아름다울가	찰패	아첨할녕	지을작	부처불	편안할일	나여	어찌하	도울우	도울좌	낮을저	벼슬위	오래설저

便	侶	侵	侯	侮	依	供	伴	侍	例	俟	来	使
편할편	짝려	침노할침	제후후	업신여길모	의지할의	받들공	가지런할모	모실시	법식례	사치할치	올래	하여금사

俳	俱	修	信	俠	俟	保	俚	俗	俊	俄	促	係
광대배	함께구	닦을수	믿을신	협객협	기다릴사	보전할보	속될리	풍속속	준걸준	갑자기아	재촉할촉	이을계

倦	値	倡	借	倚	候	倒	倍	倉	倅	倂	俸	倣
게으를권	값치	광대창	빌차	의지할의	기다릴후	엎어질도	갑절배	곳집창	버금쉬	아오를병	녹봉	비로소숙

便	侶	侵	侯	侮	依	供	伴	侍	例	後	来	使
편할 편	짝 려	침노할 침	제후 후	업신여길 모	의지할 의	받들 공	가지런할 련	모실 시	법식 례	사치할 치	올 래	하여금 사

俳	俱	修	信	俠	俟	保	俚	俗	俊	俄	促	係
광대 배	함께 구	닦을 수	믿을 신	협객 협	기다릴 사	보전할 보	속될 리	풍속 속	준걸 준	갑자기 아	재촉할 촉	이을 계

倦	値	倡	借	倚	候	倒	倍	倉	倅	併	俸	俶
게으를 권	값 치	광대 창	빌 차	의지할 의	기다릴 후	엎어질 도	갑절 배	곳집 창	버금 쉬	아오를 병	녹 봉	비로소 숙

倫	倬	倭	倜	偃	假	偉	偏	偕	停	健	側	偶
인류륜	클탁	나라왜	억매지않을척	자빠질언	거짓가	클위	치우칠편	함께해	머무를정	건강할건	곁측	우연우

傅	傍	傑	備	催	傭	傷	傾	僉	僅	債	像
스승부	곁방	호걸걸	갖출비	재촉할최	고용사리할용	상할상	기울어질경	다첨	겨우근	빗질재	형상상

僕	僚	僞	僧	僮	價	儀	億	儉	儒	償	優	儲
종복	동관료	거짓위	중승	아이종동	값가	거동의	억억	검소할검	선비유	갚을상	넉넉우	저저축할

倫	倬	倭	個	偃	假	偉	偏	偕	停	健	側	偶
인류륜	클탁	나라왜	억매지 않을척	자빠질 언	거짓가	클위	치우칠편	합게해	머무를정	건강할건	결측	우연우

傅	傍	傑	備	催	傭	傳	傷	傾	僅	僉	債	像
스승부	곁방	갖출걸	갖출비	재촉할촉	고용사리할용	전할전	상할상	기울어질경	겨우근	다첨	빗질재	형상상

僕	僚	僞	僧	僮	價	儀	億	儉	儒	償	優	儲
종복	동관료	거짓위	중승	아이종	값가	거동의	억억	검소할검	선비유	갚을상	넉넉우	저축할저

儿 部

儿 部	兀 우뚝할 올	允 진실할 윤	元 으뜸원	兄 맏 형	充 채울충	先 먼저선	兆 억조조	党 흥악할흥	光 빛 광	兌 바꿀태	克 이길극	免 면할면

兒 아이아	六 여섯륙	兔 토끼토	兜 투구두	兢 조심할긍		入 部	入 들입	內 안 내	全 온전할전	兩 두 량	俞 대답할유	八 여덟팔

公 바를공	六 여섯륙	兵 군사병	共 한가지공	其 그 기	具 갖출구	典 법 전	兼 겸할겸	冀 하고자할기	冂 部	丹 약할염	册 책책	再 두 재

免	克	兇	光	兌	兆	先	充	兄	元	允	兀	儿部
면할면	이길극	흉악할흉	빛광	바꿀태	억조조	먼저선	채울충	맏형	으뜸원	진실할윤	우뚝할올	

八		俞	兩	全	内	入	入部	兢	兜	兕	兎	兒
여덟팔		대답할유	두량	온전할전	안내	들입		조심할긍	투구두	들소시	토끼토	아이아
	八部											

再	册	冉	冂部	冀	兼	典	具	其	兵	共	六	公
두재	책책	약할염		하고자할기	겸할겸	법전	갖출구	그기	군사병	한가지공	여섯륙	바를공

冖部

凋	淸	冷	冶	冰	冬	冥	冢	冠	冒	胄
떨어질 조	서늘할 청	찰 냉	쇠불릴 야	어름빙	겨울동	어두울 명	무덤총	갓 관	무릅쓸 모	투구주

冖部

几部 / 凵部

函	出	凶		凭	凡	几	凝	凜	凍	凌
함 함	날 출	흉할흉		기댈빙	무릇범	기댈궤	엉길응	찰 름	얼 동	업신여길 릉

凵部 几部

刀部

別	判	删	初	列	刑	刎	刊	切	刈	分	刃	刀
이별별	판단할 판	깎을산	처음초	벌 렬	형벌형	목자를 문	새길간	끊을절	벨 예	나눌분	칼날인	칼 도

刀部 刂同

冑	冒		冠	冢	冥
투구주	무릅쓸 모	冖部	갓 관	무덤총	어두울 명

冬	冰	冶	冷	清	洞
겨울동	어름빙	쇠불릴 야	찰 냉	서늘할 청	떨어질 조

凌	凍	凛	凝	凡	几
엄신여길 릉	얼 동	찰 름	엉길 응	무릇범	기댈궤

几部

凭	山	出	函
기댈빙	흉할흉	날 출	함 함

凵部

刀部 刂同

刀	刃	分	刈	切	刊	刋	刑	列	初	冊	判	別
칼 도	칼날인	나눌분	벨 예	끓을절	새길간	목자를 문	형벌형	벌릴 렬	처음초	깎을산	판단할 판	이별별

剖	前	剋	削	則	券	刻	刹	刷	制	刺	到	利
쪼갤부	앞전	이길극	깎을삭	법측측	문서권	새길각	절찰	인쇄할쇄	제어할제	찌를자	이를도	이익리

功	力	力部	劑	劍	劇	剽	創	割	副	剪	剝	剛
공공	힘력		약지을제	칼검	심할극	찌를표	상할창	벨할	버금부	가위전	벗길박	굳셀강

勝	務	勘	動	勉	勇	勃	勁	劫	努	助	劣	加
이길승	힘쓸무	마감할감	움직일동	힘쓸면	날랠용	변색할발	굳셀경	겁탈할겁	힘쓸노	도울조	용렬할렬	더할가

剖	前	剋	削	則	券	刻	刹	制	刺	到	利
쪼갤부	앞전	이길극	깎을삭	법측측	문서권	새길각	절찰	제어할제	찌를자	이를도	이익리

劑	劍	劇	剽	創	割	副	剪	剝	剛
약지을제	칼검	심할극	찌를표	상할창	벨할	버금부	가위전	벗길박	굳셀강

功	力		
공공	힘력		

力部

勝	務	勘	動	勉	勇	勃	勁	劫	努	助	劣	加
이길승	힘쓸무	마감할감	움직일동	힘쓸면	날랠용	변색할발	굳셀경	겁탈할겁	힘쓸노	도울조	용렬할렬	더할가

勞	勢	募	勳	勵	勸	勹部	勺	勿	包	匈	匍	匐
수고로울로	형세세	부를모	공훈	힘쓸려	권할권		잔작	말물	쌀포	지꺼릴흉	길포	길복

匕部	匕	化	北	匙	匸部	匠	匡	匪	匱	匸部	匹	匿
	비수비	될화	북녘북	숫가락시		장인장	바를광	아니비	궤궤		짝필	숨길닉

區	十部	十	千	廿	卅	午	半	升	卑	卓	卒	協
구별할구		열십	일천천	스물입	서른삼	낮오	절반반	되승	낮을비	높을탁	군사졸	화할협

勞 수고로울 로	勢 형세세	募 부를모	勳 공훈	勵 힘쓸려	勸 권할권

ケ部 (勹部)

勺 잔작	勿 말물	包 쌀포	匈 지꺼릴흉	匍 길포	匐 길복

匕部

匕 비수비	化 될화	北 북녘북	匙 숫가락 시

匚部

匠 장인장	匡 바를광	匪 아니비	匱 궤궤

匸部

匹 짝필	匿 숨길닉

十部

區 구별할구	十 열십	千 일천천	卄 스물입	卅 서른삼	午 낮오	半 절반반	升 되승	卑 낮을비	卓 높을탁	卒 군사졸	協 화할협

卉	南	博	卜部	卜	占	卦	卩部	印	卯	印	危	卯
풀 훼	남녘 남	넓을박		점 복	점칠점	점괘괘		격동할 앙	동방묘	인칠인	위태할 위	알 란

卷	卸	卹	卻	厓	厄	厂部	卿	卽	卻	卹	卸
책 권	벗을사	먼지채	물리칠 각	언덕애	재앙액		벼슬경	곧 즉			

厖 두터울 방 · 厚 두터울 후 · 原 근본원 · 厥 그 궐

厭	厲	厶部	去	參	又部	又	叉	及	友	反	叔	取
싫을염	엄할려		갈 거	석 삼		또 우	비녀차	미칠급	벗 우	돌이킬 반	아자비 숙	취할취

卉	南	博	卜	占	卦		卬	卯	印	危	卵
풀 훼	남녘 남	넓을 박	점 복	점칠 점	점괘 괘	卩部	격동할 앙	동방 묘	인칠 인	위태할 위	알 란

卷	卸	卹	卻	卽	卿		厄	厓	厖	厚	原	厥
책 권	벗을 사	먼지채 솔	물리칠 각	곧 즉	벼슬 경	厂部	재앙 액	언덕 애	두터울 방	두터울 후	근본 원	그 궐

厭	厲		去	參		又	叉	及	友	反	叔	取
싫을 염	엄할 려	厶部	갈 거	석 삼	又部	또 우	비녀차 차	미칠 급	벗 우	돌이킬 반	아자비 숙	취할 취

口部（口부 / 三畫）

受 받을수 　叛 배반할반 　叟 늙은이수 　叡 밝은예 　叢 떨기총

三畫

口部

口 입구 　古 옛고 　句 글귀구 　叩 두드릴고 　只 다만지 　叫 부르짖을규

召 부를소 　可 옳을가 　台 별태 　叱 꾸짖을질 　史 사기사 　右 오를우 　司 맡을사 　各 각각각 　吃 흘 어눌할 　合 합할합 　吉 길할길 　同 한가지동 　名 이름명

吏 아전리 　向 향할향 　君 임군군 　吝 인색할린 　后 황후후 　吐 토할토 　吞 삼킬탄 　吟 읊을음 　吠 짖을폐 　否 아니부 　舍 머금을함 　呈 드릴정 　吳 오나라오

三畫

口部

受	받을 수
叛	배반할 반
叟	늙은이 수
叡	밝은 예
叢	떨기 총
召	부를 소
可	옳을 가
台	별 태
叱	꾸짖을 질
史	사기 사
右	오를 우
司	맡을 사
各	각각 각
吃	어늘할 흘
合	합할 합
吉	길할 길
同	한가지 동
名	이름 명
吏	아전 리
向	향할 향
君	임군 군
吝	인색할 린
后	황후 후
吐	토할 토
呑	삼킬 탄
吟	읊을 음
吠	짖을 폐
否	아니 부
含	머금을 함
呈	드릴 정
吳	오나라 오

吸	마실흡
吹	불취
吾	나오
告	고할고
呂	법려
周	두루주
味	맛미
呼	부를호
命	목숨명
咀	씹을저
咄	꾸짖을돌
和	화할화
咎	허물구
咨	탄식할자
呪	지척지
呻	앓을신
咸	다함
哀	슬플애
咽	목구멍인
品	품수품
哉	어조사재
員	인원원
哭	울곡
哲	밝을철
唇	놀랄진
唐	당나라당
唯	오직유
唱	부를창
唾	침뱉을타
啄	쪼을탁
商	장사상
問	물을문
啓	열계
啜	마실철
啼	울제
啻	뿐시
善	착할선
喉	목구멍후
喘	숨찰천

咎	和	咄	咀	命	呼	味	周	呂	告	吾	吹	吸
허물구	화할화	꾸짖을돌	씹을저	목숨명	부를호	맛미	두루주	법려	고할고	나오	불취	마실흡

唐	脣	哲	哭	員	哉	品	咽	哀	呻	咸	咫	咨
당나라당	놀랄진	밝을철	울곡	인원원	어조사재	품수품	목구멍인	슬플애	앓을신	다함	지척지	탄식할자

喘	喉	善	啻	啼	啜	啓	問	商	啄	唾	唱	唯
숨찰천	목구멍후	착할선	뿐시	울제	마실철	열계	물을문	장사상	쪼을탁	침뱉을타	부를창	오직유

嘆	嗣	嗜	鳴	單	喬	喪	喫	喻	喟	喝	喜	喚
탄식할 탄	이을 사	즐길 기	슬플 오	홑 단	높을 교	상사 상	먹을 끽	비유할 유	한숨쉴 위	꾸짖을 갈	기쁠 희	부를 환

囀	嚴	嚙	噫	器	噴	噓	嘲	嘯	嘗	嘔	嘉	嘅
새울 전	엄할 엄	씹을 요	슬플 희	그릇 기	물뿜을 분	등칠 허	조롱할 조	휘파람 소	맛볼 상	토할 구	아름다울 가	개탄할 개

囹	圃	固	困	因	回	囚	四		囑	囊	囂	嚼
옥 령	채전 포	굳을 고	곤할 곤	인할 인	돌아올 회	가둘 수	넉 사	口部	부탁할 촉	주머니 낭	시끄러울 효	씹을 작

嘆	탄식할 탄
嗣	이을 사
嗜	즐길 기
嗚	슬플 오
單	홑 단
喬	높을 교
喪	상사 상
喫	먹을 긱
喩	비유할 유
喟	한숨쉴 위
喝	꾸짖을 갈
喜	기쁠 희
喚	부를 환
囀	새울 전
嚴	엄할 엄
嚙	씹을 요
噫	슬플 회
器	그릇 기
噴	물뿜을 분
噓	훙칠 허
嘲	조롱할 조
嘯	휘파람 소
嘗	맛볼 상
嘔	토할 구
嘉	아름다울 가
嘅	개탄할 개
囹	옥 령
圃	채전 포
固	굳을 고
困	곤할 곤
因	인할 인
回	돌아올 회
囚	가둘 수
四	넉 사
囑	부탁할 촉
囊	주머니 낭
囂	시끄러울 효
嚼	씹을 작

口部

囹	國	圍	園	圓	圖	團		土	在	地	均	坊
옥 어	나라국	에울위	동산원	둥글원	그림도	둥글단	土部	흙토	있을재	땅지	고를균	거리방

坐	坦	坪	垂	型	垢	垣	埃	城	垮	域	埴	執
앉을좌	평할탄	들평	드리울수	거푸집형	대구	담원	티끌애	재성	비등할날	지경역	찰흙식	잡을집

培	基	堀	堂	堅	堆	堤	堪	堯	堰	報	堵	場
복돋을배	터기	굴굴	집당	굳을견	흙덤이퇴	방죽제	견딜감	요임금요	방죽언	갚을보	담도	마당장

圄 옥 어	國 나라국	圍 에울위	園 동산원	圓 둥글원	圖 그림도	團 둥글단	土部	土 흙토	在 있을재	地 땅지	均 고를균	坊 거리방

坐 앉을좌	坦 평할탄	坪 들평	垂 드리울수	型 거푸집형	垢 때구	垣 담원	埃 티끌애	城 재성	埒 비등할날	域 지경역	埴 찰흙식	執 잡을집

培 복돋을배	基 터기	堀 굴굴	堂 집당	堅 굳을견	堆 흙덤이퇴	堤 방죽제	堪 견딜감	堯 요임금요	堰 방죽언	報 갚을보	堵 담도	場 마당장

增	墜	墓	境	塾	塵	塡	塞	塚	塗	塘	塔	塊
더할증	떨어질추	무덤묘	지경경	글방숙	티끌진	메울진	막을색	무덤총	바를도	못당	탑탑	흙덩이괴

士		壤	壞	壚	壘	壓	壇	壁	墾	墳	墮	墨
선비사		흙덩이양	무너질괴	검은흙노	진루	누를압	담단	벽벽	갈간	무덤분	떨어질타	먹묵

士 部

夙	外	夕		夐	夏		壽	壻	壹	壺	壯	壬
일찍숙	밖외	저녁석		멀경	여름하		목숨수	사위서	한일	항아리호	장할장	북방임

夕 部

夊 部

塊	塔	塘	塗	塚	塞	塡	塵	塾	境	墓	墜	增
흙덩이 괴	탑 탑	못 당	바를 도	무덤 총	막을 색	메울 진	티끌 진	글방 숙	지경 경	무덤 묘	떨어질 추	더할 증

墨	墮	墳	墾	壁	壇	壓	壘	壚	壞	壤	士
먹 묵	떨어질 타	무덤 분	갈 간	벽 벽	단 단	누를 압	진 루	검은흙 노	무너질 괴	흙덩이 양	선비 사

壬	壯	壺	壹	壻	壽	夂 部	夏	夐	夕 部	夕	外	夙
북방 임	장할 장	항아리 호	한 일	사위 서	목숨 수		여름 하	멀 경		저녁 석	밖 외	일찍 숙

士部

大部

女部

多	많을 다
夜	밤 야
夢	꿈 몽
夥	극히많을 과
大	큰 대
天	하늘 천
太	클 태
夫	지아비 부
夭	일찍죽을 요
央	가운데 앙
失	잃을 실
夷	오랑캐 이
夾	낄 협
奄	문득 엄
奉	받들 봉
奇	기이할 기
奏	아뢸 주
契	언약할 계
奔	달아날 분
奚	어찌 해
奠	드릴 전
奢	사치할 사
奥	속 오
獎	권할 장
奪	빼앗을 탈
奮	떨칠 분
女	계집녀
奴	종 노
奸	간사할 간
好	좋을 호
如	같을 여
妃	왕비 비
妄	망녕될 망
妙	묘할 묘
妓	기생 기
妊	아이밸 임
妨	방해할 방

夷	失	央	夭	夫	太	天	大		夥	夢	夜	多
오랑캐이	잃을실	가운데앙	일찍죽을요	지아비부	클태	하늘천	큰대	大部	극히많을과	꿈몽	밤야	많을다

奪	奬	奧	奢	奠	奚	奔	契	奏	奇	奉	奄	夾
빼앗을탈	권할장	속오	사치할사	드릴전	어찌해분	달아날분	언약할계	아뢸주	기이할기	받들봉	문득엄	낄협

妨	妊	妓	妙	妄	妃	如	好	奸	奴	女		奮
방해할방	아이밸임	기생기	묘할묘	망녕될망	왕비비	같을여	좋을호	간사할간	종노	계집녀	女部	떨칠분

書體字典 — 女部 (계속) / 子部

| 妹 (아래누이 매) | 妻 (아내 처) | 始 (비로소 시) | 妾 (첩 첩) | 姉 (맏누이 자) | 姑 (시어미 고) | 姓 (성 성) | 委 (맡길 위) | 姦 (간사할 간) | 姨 (이모 이) | 姪 (조카 질) | 姬 (계집 희) | 姻 (혼인 인) |

| 姿 (모양 자) | 威 (위엄 위) | 娘 (젊은계집 낭) | 娛 (즐거울 오) | 娉 (장가들 빙) | 娥 (예쁠 아) | 娶 (장가들 취) | 婆 (늙은계집 파) | 婉 (고울 완) | 娩 (해산할 만) | 婦 (며느리 부) | 婚 (혼인 혼) | 婬 (간통할 음) |

| 媒 (중매 매) | 媛 (아름다울 원) | 娼 (창녀 창) | 媾 (화할 구) | 嫁 (시집갈 가) | 嫌 (혐의 혐) | 嫡 (본댁 적) | 嬌 (아름다울 교) | 嬪 (궁녀 빈) | 嬴 (가득할 영) | 孃 (계집아이 양) | | 子 (아들 자) 子部 |

姻	姬	姪	姨	姦	委	姓	姑	姊	妾	始	妻	妹
혼인인	계집희	조카질	이모이	간사할간	맡길위	성성	시어미고	맏누이자	첩첩	비로소시	아내처	아래누이매

婬	婚	婦	娩	婉	婆	娶	娥	娉	娛	娘	威	姿
간통할음	혼인혼	며느리부	해산할만	고울완	늙은계집파	장가들취	예쁠아	장가들빙	즐거울오	젊은계집낭	위엄위	모양자

子	子部	孃	嬴	嬪	嬌	嫡	嫌	嫁	媾	娼	媛	媒
아들자		계집아이양	가득할영	궁녀빈	아름다울교	본댁적	의혐혐	시집갈가	화할구	창녀창	아름다울원	중매매

學	孰	孫	孤	季	孟	孝	孜	存	字	孕	孔
배울학	누구숙	손자손	외로울고	끝계	맏맹	효도효	부지런할자	있을존	글자자	아이밸잉	구멍공

宀部

宜	定	宛	宙	官	宗	宏	完	宋	安	守	宇	宅
마땅의	정할정	완연할완	집주	벼슬관	마루종	클굉	완전할완	송나라송	편안안	지킬수	집우	집택

容	宸	家	宵	宰	宴	害	宮	宥	宦	室	宣	客
얼굴용	대궐신	집가	밤소	재상재	잔치연	해할해	집궁	용서할유	벼슬환	집실	베풀선	손객

孔	孕	字	存	孜	孝	孟	季	孤	孫	執	學
구멍공	아이밸잉	글자자	있을존	부지런할자	효도효	맏맹	끝계	외로울고	손자손	누구숙	배울학 宀部

宅	宇	守	安	宋	完	宏	宗	官	宙	宛	定	宜
집택	집우	지킬수	편안안	송나라송	완전할완	클굉	마루종	벼슬관	집주	완연할완	정할정	마땅의

客	宣	室	宦	宥	宮	害	宰	宵	家	宸	容
손객	베풀선	집실	벼슬환	용서할유	집궁	해할해	재상재	밤소	집가	대궐신	얼굴용

實	寡	察	寞	寓	寒	定	富	密	寅	寄	寂	宿
열매실	적을과	살필찰	고요할막	붙일우	찰한	이식	부자부	빽빽할밀	동방인	붙일기	고요적	잘숙

尉	專	將	封	寺	寸		寶	寵	寬	寫	審	寧
위 편안할	전 오로지	장수장	봉할봉	절사	마디촌		보배보	총 사랑할	너그러울관	쓸사	살필심	편안녕

寸 部

小 部

就	尤		尟	尖	尚	少	小		導	對	尋	尊
나갈취	더욱우		작을선	뾰족할 첨	오히려 상	젊을소	작을소		도 인도할	대할대	찾을심	높을존

尤 部

實	寡	察	寞	寓	寒	定	富	密	寅	寄	寂	宿
열매실	적을과	살필찰	고요할막	붙일우	찰한	이식	부자부	빽빽할밀	동방인	붙일기	고요적	잘숙

尉	專	將	封	寺	寸		寶	寵	寬	寫	審	寧
위	오로지전	장수장	봉할봉	절사	마디촌		보배보	사랑할총	너그러울관	쓸사	살필심	편안녕
	편안할					寸 部						

就	尤		尠	尖	尚	少	小		導	對	尋	尊
나갈취	더욱우		작을선	뾰족할첨	오히려상	젊을소	작을소		인도할도	대할대	찾을심	높을존
		尢 部					小 部					

尸 部

尸	주검 시
尹	맏 윤
尺	자 척
尼	계집중 니
尾	꼬리 미
尿	오줌 뇨
局	판 국
居	살 거
屈	굴할 굴
届	이를 계
屋	집 옥
屍	주검 시
屑	가루 설
展	펼 전
屛	물리칠 병
屠	무찌를 도
屢	여러 누
層	층대 층
屬	붙일 속
履	신 리

中 部

中	떡잎 철
屯	둔취할 둔

山 部

山	뫼 산
岐	기산 기
岡	산등성이 강
岨	돌산 저
岫	산구멍 수
岬	산곁 갑
岱	뫼 대
岸	언덕 안
崎	산우뚝할 치
峨	높을 아
峰	산봉우리 봉
島	섬 도
峻	높을 준
峽	골 협

尸部

屍	屋	居	屈	居	局	尿	尾	尼	尺	尹	尸
주검시	집옥	이를계	굴할굴	살거	판국	오줌뇨	꼬리미	계집중니	자척	맏윤	주검시

屑	展	屏	屠	屢	層	屬	履		屮	屯	山
가루설	펼전	물리칠병	무찌를도	여러누	층대층	붙일속	신리		떡잎철	둔취할둔	뫼산

山部 屮部

岐	岡	岨	岫	岬	岱	岸	峙	峨	峰	島	峻	峽
기산기	산등성이강	돌산저	산구멍수	산결갑	뫼대	언덕안	산우뚝할치	높을아	산봉우리봉	섬도	높을준	골협

山部 (continued)

| 崇 높을숭 | 崎 산길험할기 | 崔 높을최 | 崖 비탈애 | 崛 산우뚝할굴 | 崩 산무너질붕 | 嵆 산이름혜 | 嵌 깊은골감 | 嶋 산굽이우 | 嵐 산기운람 | 嵩 높을숭 | 嵯 산높을차 | 嶠 산길교 |

| 嶺 고개령 | 嶼 섬서 | 嶽 산마루악 | 巍 높고클외 | 巒 봉오리만 | 巔 산이마전 | 巖 바위암 | | 川 내천 | 州 고을주 | 巡 순행할순 | 巢 새집소 |

川部

工部

| 工 장인공 | 左 왼좌 | 巧 공교할교 | 巨 클거 | 巫 무당무 | 差 다를차 |

己部

| 己 몸기 | 巳 뱀사 | 巴 파촉파 | 巷 거리항 | 巽 부드러울손 |

巾部

嶠	嵯	嵩	嵐	嵎	嵌	嵇	崩	崛	崖	崔	崎	崇
산길교	산높을차	높을숭	산기운람	산굽이우	깊은골감	산이름혜	산무너질붕	산우뚝할굴	비탈애	높을최	산길험기	높을숭

	巢	巡	州	川		巖	巔	巒	巍	嶽	嶼	嶺
工部	새집소	순행할순	고을주	내천	巛部	바위암	산이마전	봉오리만	높고클외	산마루악	섬서	고개령

	巽	巷	巴	巳	己		差	巫	巨	巧	左	工
巾部	부드러울손	거리항	파촉파	뱀사	몸기	己部	다를차	무당무	클거	공교할교	왼좌	장인공

巾	市	布	帆	希	帑	帖	帛	帝	帥	師	席	帳
수건건	저자시	베포	배돛범	바랄희	자식노	문서첩	비단백	임군제	장수수	스승사	자리석	장막장

帷	帶	常	幅	幕	幟	幡	幣		干	平	年	幷
장막유	띠대	떳떳상	폭복	장막막	기치	기번	페백페	干部	방패간	평할평	해년	아우를병

幸	幹		幻	幼	幽	幾		庄	庇	序	底	店
다행행	줄기간	幺部	변화할환	어릴유	그윽할유	몇기	广部	천장장	덮을비	차례서	밑저	가게점

巾	수건건
市	저자시
布	베포
帆	배돛범
帑	자식노
希	바랄희
帖	문서첩
帛	비단백
帝	임군제
帥	장수수
師	스승사
席	자리석
帳	장막장
帷	장막유
帶	띠대
常	떳떳상
幅	폭복
幕	장막막
幟	기치
幡	기번
幣	폐백폐
干	방패간
平	평할평
年	해년
并	아우를병

干部

幸	다행행
幹	줄기간
幻	변화할환
幼	어릴유
幽	그윽할유
幾	몇기
庄	천장장
庇	덮을비
序	차례서
底	밑저
店	가게점

玄部

广部

廂	廁	庾	庸	康	庶	庵	庭	庫	座	度	府	庚
행랑상	뒷간측	노적유	떳떳용	편안강	무리서	암자암	뜰정	곳집고	자리좌	범도도	마을부	별경

延	又部	廳	廬	廩	廣	廢	廟	廛	廐	廊	廉	廈
끝연		대청청	오두막려	쌀고름	넓을광	폐할폐	사당묘	집전	마구구	행랑랑	청렴렴	큰집하

弔	弓	弑	式	弋	弋部	弊	弄	弁	廾部	建	廷
조상할조	활궁	웃사람죽일시	법식	줄살익		해질폐	희롱롱	관변		세울건	조정정

廂	廁	庾	庸	康	庶	庵	庭	庫	座	度	府	庚
행랑상	뒷간측	노적유	떳떳용	편안강	무리서	암자암	뜰정	곳집고	자리좌	범도도	마을부	별경

延		廳	廬	廩	廣	廢	廟	廛	廐	廊	廉	廈
끝연	又部	대청청	오두막집려	쌀고름	넓을광	폐할폐	사당묘	집전	마구구	행랑랑	청렴렴	큰집하

弔	弓		弑	式	弋		弊	弄	弁		建	廷
조상할조	활궁	弓部	죽일시웃사람시	법식	줄살익	弋部	해질폐	희롱롱	관변	廾部	세울건	조정정

書體字典 — 楷書·行書·草書·隷書·篆書 字形表

彈	彊	強	張	弱	弩	弧	弦	弟	弛	弗	弘	引
탄알 탄	힘쓸 강	강할 강	베풀 장	약할 약	쇠뇌 노	나무활 호	활시위 현	아우 제	풀일 이	아닐 불	클 홍	이끌 인

彭	彫	彪	彩	彦	形		彝	彙	彗	象		彌
땅 팽	아루새길 조 / 길 조	범의문 채표	채색 채	선비 언	형상 형	彡部	떳떳이	모을 휘	별이름 혜 / 결단 단	결단 단	⸢ 彑部 또 彐 同	찰 미

後	律	徊	待	徂	征	往	彼	役	彷		影	彰
뒤 후	법측 률	머뭇거릴 회	기다릴 대	갈 조	칠 정	갈 왕	저 피	역사 역	방황할 방	彳部	그림자 영	밝을 창

彈	彊	強	張	弱	弩	弧	弦	弟	弛	弗	弘	引
탄알탄	힘쓸강	강할강	베풀장	약할약	쇠뇌노	나무활호	활시위현	아우제	풀일이	아닐불	클홍	이끌인

彭	彫	彪	彩	彦	形		彝	彙	彗	象		彌
땅팽	길아루새조	범의문채표	채색채	선비언	형상형	彡部	떳떳이	모을휘	혜별이름	결단단	ㅋ部ㅗ구同	찰미

後	律	徊	待	徂	征	往	彼	役	彷		影	彰
뒤후	법즉률	머뭇거릴회	기다릴대	갈조	칠정	갈왕	저피	역사역	방황할방	彳部	그림자영	밝을창

四畫 心部

德	徵	微	循	復	徧	御	從	俳	得	徒	徑	徐
큰 덕	부를징	작을미	돌 순	다시복	두루편	거느릴어	쫓을종	머뭇거릴배	얻을득	무리도	지름길경	천천서

忝	忙	忘	志	忍	忌	必	心		徽	徭	徹
욕될첨	바쁠망	잊을망	뜻 지	참을인	꺼릴기	반드시 시	마음심	心部 十同	아름다울휘	돌아다닐요	통할철

急	怡	怠	思	怒	怖	怕	忽	怏	忿	念	快	忠
급할급	화할이	게으를 태	생각사	성낼노	두려워할포	두려워할파	문득홀	원망할 앙	분낼분	생각념	쾌할괘	충성충

德	큰 덕
徵	부를 징
微	작을 미
循	돌 순
復	다시 복
徧	두루 편
御	거느릴 어
從	좇을 종
徘	머뭇거릴 배
得	얻을 득
徒	무리 도
徑	지름길 경
徐	천천 서

四畫

心部 十同

忝	욕될 첨
忙	바쁠 망
忘	잊을 망
志	뜻 지
忍	참을 인
忌	꺼릴 기
必	반드시 필
心	마음 심
徽	아름다울 휘
徼	돌 아 요
徹	통할 철

急	급할 급
怡	화할 이
怠	게으를 태
思	생각 사
怒	성낼 노
怖	두려워할 포
怕	두려워할 파
忽	문득 홀
忿	원망할 분
念	생각 념
快	쾌할 쾌
忠	충성 충

恥	恤	恣	恢	恙	恕	恐	恒	恃	怯	怪	怨	性
부끄러울 치	불상할 휼	방자할 자	넓을 회	병 양	용서할 서	두려울 공	항상 함	믿을 시	겁낼 겁	괴이할 괴	원망할 원	성품 성

悔	悍	悋	悉	悅	悁	悃	恰	息	恭	恬	恨	恩
뉘우칠 회	날랠 한	인색할 린	다할 실	기쁠 열	성급할 견	정성 곤	흡사할 흡	쉬일 식	공손 공	편안 념	한할 한	은혜 은

惇	惆	情	悽	悴	悲	悼	悶	悵	悠	悛	悟
두터울 돈	슬플 주	뜻 정	슬퍼할 처	초췌할 췌	슬플 비	슬플 도	번민할 민	슬플 창	멀 유	고칠 전	깨달을 오

性	怨	怪	怯	恃	恒	恐	恕	恙	恢	恣	恤	恥
성품성	원망할 원	괴이할 괴	겁낼겁	믿을 시	항상할 항	두려울 공	용서할 서	병 양	넓을회 회	방자할 자	불상할 휼	부끄러울 치

恩	恨	恬	恭	息	恰	悃	悁	悅	悉	悋	悍	悔
은혜은	한할한	편안할 념	공손공	쉬일식	흡사할 흡	정성곤	성급할 견	기쁠열	다할실	인색할 린	날랜한	뉘우칠 회

悟	悛	悠	患	悵	悶	悼	悲	悴	悽	情	惆	惇
깨달을 오	고칠전	멀 유	근심환	슬플창	번민할 민	슬플도	슬플비	초체할 췌	슬퍼할 처	뜻 정	슬플주	두터울 돈

惑	惚	惜	惟	惠	惡	惰	惱	想	惹	惻	愁	愉
미혹할 혹	황홀할 홀	아낄 석	오직 유	은혜 혜	악할 악	게으를 타	괴로울 뇌	생각할 상	이끌 야	불쌍히 여길 측	근심 수	기뻐할 유

愍	意	愚	愛	慍	愧	愴	慎	愿	慄	慇	慈
불쌍히 여길 민	뜻 의	어리석을 우	사랑 애	성낼 온	부끄러울 괴	슬플 창	삼갈 신	삼갈 원	겁날 률	은근할 은	사랑 자

態	慕	慘	慚	慢	慣	慧	慨	慮	慰	慶	憂	憎
태도 태	사모 모	참혹할 참	브끄러울 참	거만할 만	익숙할 관	지혜 혜	탄식할 개	생각할 려	위로할 위	경사 경	근심 우	미울 증

愉	愁	惻	慈	想	惱	惰	惡	惠	惟	惜	惚	惑
유 기뻐할	수 근심	측 불쌍히여길	야 이끌	상 생각할	뇌 괴로울	타 게으를	악 악할	혜 은혜	유 오직	석 아낄	홀 황홀할	혹 미혹할

慈	慇	慄	愿	愼	愴	愧	慍	感	愛	愚	意	愍
자 사랑	은 은근할	율 겁날	원 삼갈	신 삼갈	창 슬플	괴 부끄러울	온 성낼	감 느낄	애 사랑	우 어리석을	의 뜻	민 불쌍히여길

憎	憂	慶	慰	慮	慨	慧	慣	慢	慼	慘	慕	態
증 미울	우 근심	경 경사	위 위로할	려 생각할	개 탄식할	혜 지혜	관 익숙할	만 거만할	척 브끄러울	참 참혹할	모 사모	태 태도

書體字典

心部 (continued)

懈	憩	懇	憾	憶	憺	憲	憮	憬	憤	憚	憐	憑
게으를 해	쉴 게	간절할 간	원망할 감	생각할 억	편안할 담	법 헌	만질 무	깨우칠 경	분할 분	꺼릴 탄	불쌍할 련	의지할 빙

戊	戈	戈部	戀	懺	懸	懽	懼	懿	懷	懲	魘	應
별 무	창 과		생각할 련	뉘우칠 참	달 현	기뻐할 환	두려울 구	클 의	품을 회	징계할 징	편안할 염	응할 응

戰	戮	截	戟	戛	戚	或	戒	我	成	戎	戍	戌
싸움 전	죽일 륙	끊을 절	창 극	창 알	겨레 척	혹 혹	경계할 계	나 아	이룰 성	군사 융	수자리 수	개 술

懈	게으를 해
憩	쉴 게
懇	간절할 간
憾	원망할 감
憶	생각할 억
憺	편안할 담
憲	법 헌
憮	만질 무
憬	깨우칠 경
憤	분할 분
憚	꺼릴 탄
憐	불쌍할 련
憑	의지할 빙

戊	별 무
戈	창 과
戈 部	
戀	생각할 련
懺	뉘우칠 참
懸	달 현
懽	기뻐할 환
懼	두려울 구
懿	클 의
懷	품을 회
懲	징계할 징
憺	편안할 염
應	응할 응

戰	싸움 전
戮	죽일 륙
截	긑을 절
戟	창 극
戛	창 알
戚	겨레 척
或	혹 혹
戒	경계할 계
我	나 아
成	이룰 성
戎	군사 융
戍	수자리 수
戌	개 술

戲	戴	戶部	戶	庚	房	所	扁	扇	扈	扉	手部	手
희롱할 희	일 대		기게호	돌아올 려	방 방	바 소	납작할 편	부채선	따를호	문짝비	扌同	손 수

打	扣	托	扱	扶	批	承	技	抄	抉	把	抑	才
칠 타	두드릴 구	밀 탁	미칠급	붓들부	비평비	이을승	재주기	베낄초	들추어 결	잡을파	누를억	재주재

拀	投	抗	折	披	抵	抱	押	抽	拂	拇	拋	拍
꺼낼서	던질투	막을항	꺾을절	헤칠피	막을저	안을포	누를압	뺄 추	떨칠불	엄지손가락무	던질포	칠 박

戲	희롱할 희
戴	일 대
戶部	(부수)
戶	기게 호
戾	돌아올 려
房	방 방
所	바 소
扁	납작할 편
扇	부채 선
扈	따를 호
扉	문짝 비
手部 扌同	(부수)
手	손 수

才	재주 재
打	칠 타
扣	두드릴 구
托	밀 탁
扱	거두어 미칠 급
扶	붓들 부
批	비평 비
承	이을 승
技	재주 기
抄	베낄 초
抉	들추어 낼 결
把	잡을 파
抑	누를 억

抒	꺼낼 서
投	던질 투
抗	막을 항
折	꺾을 절
披	헤칠 피
抵	막을 저
抱	안을 포
押	누를 압
抽	뺄 추
拂	떨칠 불
拇	엄지손가락 무
抛	던질 포
拍	칠 박

拭	括	拜	招	拙	拘	拗	拔	拓	拒	拐	挐	拉
씻을식	쌀괄	절배	부를초	옹졸할졸	꺼리길구	비뚤요	뽑을발	열탁	막을거	유인할괴	잡을나	꺾을랍

挺	振	挫	挨	挑	投	按	指	持	拾	拳	拱	拮
곧을정	떨칠진	꺾을좌	밀애	도울조	다닥칠찰	누를안	손가락지	가질지	주을습	주먹권	팔짱낄공	일할길

授	掃	捲	捻	捨	捷	捧	捕	捐	捌	捉	挾	挽
줄수	쓸소	걷을권	비틀념	버릴사	이길첩	받들봉	잡을포	버릴연	칠팔	잡을착	낄협	당길만

拭	씻을 식
括	쌀 괄
拜	절 배
招	부를 초
拙	옹졸할 졸
拘	꺼리길 구
拗	비뚤 요
拔	뽑을 발
拓	열 탁
拒	막을 거
拐	유인할 괴
挈	잡을 나
拉	꺾을 랍

挺	곧을 정
振	떨칠 진
挫	꺾을 좌
挨	밀 애
挑	도울 조
挼	찰
按	다닥칠
指	누를 안
持	손가락 지
拾	가질 지
拳	주을 습
拱	주먹 권
拮	팔짱낄 공 / 일할 길

授	줄 수
掃	쓸 소
捲	걷을 권
捻	비틀 념
捨	버릴 사
捷	이길 첩
捧	받들 봉
捕	잡을 포
捐	버릴 연
捌	칠 팔
捉	잡을 착
挾	낄 협
挽	당길 만

掩	推	控	接	探	採	掘	掠	掛	排	掖	掏	掌
가릴 엄	밀 추	당길 공	대일 접	찾을 탐	캘 채	팔 굴	노략할 략	걸 괘	물리칠 배	낄 액	가릴 도	손바닥 장

揮	揭	握	換	搜	揚	插	描	提	揆	揃	掬	措
떨칠 휘	들 게	쥘 악	바꿀 환	두질 수	날릴 양	꽂을 삽	그릴 묘	끌 제	헤아릴 규	고를 전	움킬 국	둘 조

摹	摸	搏	摯	摩	摧	搞	摘	搦	搖	搔	損	援
본뜰 모	본뜰 모	둥글 단	잡을 지	만질 마	꺾을 최	펼 리	딸 적	가질 약	흔들 요	긁을 소	덜 손	구원할 원

掩 가릴엄	推 밀추	控 당길공	接 대일접	探 찾을탐	採 캘채	掘 팔굴	掠 노략할략	掛 걸괘	排 물리칠배	掖 낄액	掉 가릴도	掌 손바닥장

揮 떨칠휘	揭 들게	握 쥘악	換 바꿀환	搜 두질수	揚 날릴양	插 꽂을삽	描 그릴묘	提 끌제	揆 헤아릴규	揃 고를전	掬 움킬국	措 둘조

摹 본뜰모	摸 본뜰모	搏 둥글단	摯 잡을지	摩 만질마	摧 꺾을최	搞 펼리	摘 딸적	搦 가질약	搖 흔들요	搔 긁을소	損 덜손	援 구원할원

摺	摽	撒	撓	撚	撞	撥	撫	播	撮	撲	撰	撿
접을 접	칠 표	흩을 살	요란할 요	꼴 년	칠 당	덜 발	어루만질 무	씨뿌릴 파	취할 촬	칠 박	지을 찬	단속할 검

攜	攀	擾	擬	擧	擥	擢	據	擔	操	擊	擇	擁
끌 휴	이끌어잡을 반	요란할 요	헤아릴 의	들 거	잡을 람	뺄 탁	웅거할 거	짐 담	잡을 조	칠 격	가릴 택	막을 옹

更	政	放	攻	改	收		皷	支		攫	攪	攝
다시 갱	정사 정	놓을 방	칠 공	고칠 개	거둘 수		뻬뿔어질 기	지탱할 지		움켜쥘 확	휘저을 교	잡을 섭

攴部 攵同

支部

撿	撰	撲	撮	播	撫	撥	撞	撚	撓	撒	摽	摺
단속할 검	지을 찬	칠 박	취할 촬	씨뿌릴 파	어루만질 무	덜 발	칠 당	꼴 년	요란할 요	흐틀 살	칠 표	접을 접

攜	攀	擾	擬	擧	擥	擢	據	擔	操	擊	擇	擁
끌 휴	이끌어 잡을 반	요란할 요	헤아릴 의	들 거	잡을 람	뺄 탁	웅거할 거	짐 담	잡을 조	칠 격	가릴 택	막을 옹

更	政	放	攻	改	收		攲	支		攫	攬	攝
다시 갱	정사 정	놓을 방	칠 공	고칠 개	거둘 수	攴部 文同	삐뚤어질 기	지탱할 지	支部	움켜쥘 확	휘절 교	잡을 섭

敲 칠고	敬 공경경	敦 두터울돈	散 흩어질산	敢 감히감	敗 패할패	敕 경계할칙	救 구원할구	敏 민첩민	敎 가르칠교	敍 펼서	效 본받을효	故 연고고

斜 비낄사	料 헤아릴료	斗 말두		斑 아롱질반	斐 문채비	文 글월문		斂 거둘렴	整 정제할정	數 셀수	敷 펼부	敵 원수적
		斗 部				文 部						

於 어조사어	方 모방	斷 끊을단	新 새신	斯 이사	斬 벨참	斧 도끼부	斥 물리칠척	斤 근근		斡 주장할간	斠 짐작할침
	方 部								斤 部		

복습장 75

敲	敬	敦	散	敢	敗	敕	救	敏	敎	敍	效	故
칠 고	공경 경	두터울 돈	흩어질 산	감히 감	패할 패	경계할 칙	구원할 구	민첩 민	가르칠 교	펼 서	본받을 효	연고 고

科	料	斗		斑	斐	文		斂	整	數	敷	敵
비낄 사	헤아릴 로	말 두		아롱질 반	문채 비	글월 문		거둘 렴	정제할 정	셀 수	펼 부	원수 적

文部

於	方		斷	新	斯	斬	斧	斥	斤		斡	斟
어조사 어	모 방		끊을 단	새 신	이 사	벨 참	도끼 부	물리칠 척	근 근		주장할 간	짐작할 짐

斗部 · 斤部 · 方部

書體字典 字典 — 漢字 書體 一覽

旁(方) 部 / 无 部 / 日 部

施	族	旅	旆	旋	旌	旗	旛	无 部	无	既	日
베풀시	겨레족	나그네 려	기패	돌이킬 선	기정	기기	기번		없을무	이미기	날일 / 日部

旦	旨	早	旬	旭	旱	昂	昃	昆	昇	昌	明	昏
아침단	맛있을 지	일찍조	열흘순	해돋을 욱	가물 한	높을앙	날기울 측	맛곤	오를승	장성창	밝을명	어둘혼

易	昔	星	映	春	昧	昨	昭	是	晃	時	晋	晚
바꿀역	옛석	별성	비칠영	봄춘	어두울 매	어제작	밝을소	이시	밝을황	때시	진나라 진	늦을만

日		既	无		旛	旗	旌	旋	旆	旅	族	施
날 일	日部	이미 기	없을 무	无部	기 번	기 기	기 정	선돌이킬 선	기 패	나그네 려	겨레 족	베풀 시

昏	明	昌	昇	昆	昃	昂	旱	旭	旬	早	旨	旦
어둘 혼	밝을 명	장성 창	오를 승	맏 곤	날기울 측	높을 앙	가물 한	해돋을 욱	열흘 순	일찍 조	맛있을 지	아침 단

晚	晉	時	晃	是	昭	昨	昧	春	映	星	昔	易
늦을 만	신 진나라	때 시	밝을 황	이 시	밝을 소	어제 작	어두울 매	봄 춘	비칠 영	별 성	옛 석	바꿀 역

暉	暈	晶	暇	智	晴	景	普	晧	晦	晨	晤	晝
날빛 휘	해달무리 운	수정 정	틈 가	지혜 지	개일 청	빛 경	넓을 보	밝을 호	그믐 회	새벽 신	밝을 오	낮 주

曜	曙	曉	曇	曆	暻	暴	暮	暫	暖	暝	暗	暑
빛날 요	새벽 서	밝을 효	날흐릴 담	책력 력	돈 해돋을	모질 폭	저물 모	잠깐 잠	따뜻할 난	어두울 명	어두울 암	더울 서

有	月		會	替	最	曾	書	曳	曲	曰		曠
있을 유	달 월		모을 회	바꿀 체	가장 최	일찍 증	글 서	당길 예	굽을 곡	가로 왈		멀 광
		月部	會部							日部		

暉 날빛휘	暈 해달무리운	晶 수정정	暇 틈가	智 지혜지	晴 개일청	景 빛경	普 넓을보	晧 밝을호	晦 그믐회	晨 새벽신	晤 밝을오	晝 낮주

曜 빛날요	曙 새벽서	曉 밝을효	曇 날흐릴담	曆 책력력	暾 해돋을돈	暴 모질폭	暮 저물모	暫 잠깐잠	暖 따뜻할난	暝 어두울명	暗 어두울암	暑 더울서

有 있을유	月 달월	月部	會 모을회	替 바꿀체	最 가장최	曾 일찍증	書 글서	曳 당길예	曲 굽을곡	曰 가로왈	日部	曠 멀광

木部

朋	벗 붕
服	옷 복
朔	초하루 삭
朕	나 짐
朗	밝을랑
望	바랄망
朝	아침조
期	기약기
朦	달희미할 몽
曨	달희미할 롱
木	나무목
未	아닐미

末	끝 말
本	근본본
札	편지찰
朱	붉을주
朴	클 박
朶	꽃송이 타
机	책상궤
朽	썩을후
杉	삼나무 삼
李	오얏이
杏	살구행
材	재목재
杓	자루표

杖	지팡이 장
杜	막을두
束	묶을속
杯	잔 배
東	동녘동
杵	절구공이 저
杷	비파파
松	송나무 송
板	널 판
枇	나무비
枕	벼개침
林	수풀림
枚	줄기매

未	木		曨	朦	期	朝	望	朗	朕	朔	服	朋
아닐미	나무목	木部	달흐릴롱	달흐릴몽	기약기	아침조	바랄망	밝을랑	나짐	초하루삭	웃복	벗붕

杓	材	杏	李	杉	朽	机	柔	朴	朱	札	本	末
자루표	재목재	살구행	오얏이	삼나무삼	썩을후	책상궤	꽃송이타	클박	붉을주	편지찰	근본본	끝말

枚	林	枕	枇	板	松	杷	杵	東	杯	束	杜	杖
줄기매	수풀림	벼개침	나무비	널판	송나무송	비파파	절구공이저	동녘동	잔배	묶을속	막을두	지팡이장

果 실과과	枝 가지지	枯 마를고	架 시렁가	柿 감시	柏 잣나무백	染 물들일염	柔 부드러울유	柙 짐승우리리	査 자살할합	柩 관구	柬 분별할간	柯 가지가

奈 어찌내	柱 기둥주	柳 버들류	柴 땔나무시	柵 목책책	栗 밤률	校 학교교	株 줄기주	核 씨핵	根 뿌리근	格 격식격	栽 심을재	桂 계수나무계

桃 복숭아도	案 책상안	桐 오동동	桎 착고질	桑 뽕나무상	桓 굳셀환	某 아무모	桶 통통	栞 나무쪼갤간	梁 들보량	梅 매화매	梃 막대정	梓 노나무자

柯	柬	柩	査	柙	柔	染	柏	柿	架	枯	枝	果
가지 가	분별할 간	관 구	자살할 사	짐승우리 합	부드러울 유	물들일 염	잣나무 백	감 시	시렁 가	마를 고	가지 지	실과 과

桂	栽	格	根	核	株	校	栗	柵	柴	柳	柱	奈
계수나무 계	심을 재	격식 격	뿌리 근	씨 핵	줄기 주	학교 교	밤 률	목책 책	땔나무 시	버들 류	기둥 주	어찌 내

梓	梃	梅	梁	栞	桶	某	桓	桑	桎	桐	案	桃
자	노나무 정	매화 매	들보 량	나무쪼갤 간	통 통	아무 모	굳셀 환	뽕나무 상	차꼬질 착	오동 동	책상 안	복숭아 도

書體字典 — 字典 (篆書)

棒	梶	楚	梱	梭	梳	械	梯	梧	梢	梟	條	梗
지봉 나뭇가봉	나무끝 미	불경 범	문지방 곤	북 사	빗 소	틀 계	사다리 제	오동 오	가지 소	올빼미 효	가지 조	산느름 나무 경

植	椀	椅	棺	森	棧	棠	棟	棚	棗	棊	梨	棄
심을 식	주발 완	의자 의	관 관	수풀 삼	다리 잔	아가위 당	기둥 동	시렁 붕	대추 조	바둑 기	배 리	버릴 기

楯	楮	業	楫	楷	楠	楔	楚	楓	楊	椿	棹	椎
난간 순	닥나무 저	업 업	노 즙	가랑나무 남	매화나무 남	문설주 설	초나라 초	단풍 풍	버들 양	동백나무 춘	노 도	방망이 추

棒	梶	梵	梱	梭	梳	械	梯	梧	梢	梟	條	梗
지팡이 봉	나무끝 미	불경 범	문지방 곤	북 사	빗 소	틀 계	사다리 제	오동 오	가지 소	올빼미 효	가지 조	산느릅나무 경

植	椀	椅	棺	森	棧	棠	棟	棚	棗	梨	棄
심을 식	주발 완	의자 의	관 관	수풀 삼	다리 잔	아가위 당	기둥 동	시렁 붕	대추 조	배 리	버릴 기

楯	楮	業	楫	楢	楠	楔	楚	楓	楊	椿	棹	椎
난간 순	닥나무 저	업 업	노 즙	가랑나무 유	매화나무 남	문설주 설	초나라 초	단풍 풍	버들 양	동백나무 춘	노 도	방망이 추

書體字典

極	다할 극
楷	법 해
楹	기둥 영
榾	방망이 퇴
榛	가얌나무 진
榮	영화 영
楬	긴결상 탑
槍	창 창
構	집세울 구
槐	괴화나무 괴
槎	떼 사
槧	분판 첨

穀	닥나무 곡
槽	말구유 조
槿	무궁화 근
樂	즐거울 락
概	대개 개
槻	느티나무 규
樅	전나무 종
樓	다락 루
標	표할 표
樞	지들이 추
樟	장녀나 무장
模	법 모
樣	모양 양

樵	나무할 초
樸	질박할 박
樹	나무 수
樺	벗나무 화
樽	술통 준
橋	다리 교
橘	귤 귤
機	베틀 기
橙	큰유자 등
橫	빗길 횡
檀	향나무 단
檣	박달나 무강
檄	격서 격

斬	槎	槐	構	槍	榻	榮	榛	榎	槌	楹	楷	極
분판첨	떼 사	괴화나무괴	집세울구	창 창	긴걸상탑	영화영	가얌나무진	싸리가	방망이퇴	기둥영	법해	다할극

樣	模	樟	樞	標	樓	樅	槻	槪	樂	槿	槽	穀
모양양	법모	장녀나무장	지들이추	표할표	다락루	전나무종	느티나무규	대개개	즐거울락	무궁화근	말구유조	닥나무곡

檄	橿	檀	橫	橙	機	橘	橋	樽	樺	樹	樸	樵
격서격	무박달나강	향나무단	빗길횡	큰유자등	베틀기	굴 귤	다리교	술통준	화벗나무	나무수	질박할박	나무할초

櫬	櫪	櫟	櫃	櫛	櫓	櫂	檻	檣	檢	檜	檐	檎
관 천	마판 력	도토리 력	궤 궤	빗 즐	노 로	노 도	난간 함	돛대 장	봉할 검	전나무 회	첨마 첨	능금 금

欷	欲	欣	次	欠	欠部	爩	欒	欑	權	櫻	欄	欅
울 희	하고저할 욕	기쁠 흔	버금 차	하품 흠		답답할 울	마를 란	떨기 찬	권세 권	앵두 앵	난간 란	참귀목 거

歡	歟	斂	歔	歐	歎	歌	歉	歇	款	欽	欺	欸
기쁠 환	어조사 여	탐할 렴	한숨쉴 허	토할 구	탄식할 탄	노래 가	부족할 겸	쉬일 헐	조목 관	공경할 흠	속일 기	탄식할 애

欞	櫪	櫟	櫃	櫛	櫨	櫓	檻	檣	檢	檜	檐	檎
관천	마판력	도토리력	궤궤	빗즐	노로	노도	난간함	돛대장	봉할검	전나무회	첨마첨	능금금

歆	欲	欣	次	欠		欝	欒	欑	權	櫻	欄	欅
울희	하고저할욕	기쁠흔	버금차	하품흠	**欠部**	답답할울	마를란	떨기찬	권세권	앵두앵	난간란	참귀목거

歡	歟	歛	歔	歐	歎	歌	歉	歇	款	欽	欺	欷
기쁠환	어조사여	탐할검	한숨설	토할구	탄식할탄	노래가	부족할겸	쉬일헐	조목관	공경할흠	속일기	탄식할애

止部

止	正	此	步	武	歲	歷	歸	歹部	死	歿	殀
그칠 지	바를 정	이 차	걸음 보	호반 무	해 세	지낼 력	돌아갈 귀		죽을 사	죽을 몰	일찍죽을 요

殆	殉	殊	殖	殘	殞	殪	殯	殲	殳部	殳	段	殷
위태할 태	다를 순	다를 수	부를 식	나머지 잔	떨어질 운	죽을 에	빈소 빈	멸할 섬		창 수	조각 단	은나라 은

殺	殼	殿	毀	毅	毆	母部	毋	母	每	毒	比部	比
죽일 살	껍질 각	전각 전	헐 훼	굳셀 의	칠 구		없을 무	어미 모	매양 매	독할 독		견줄 비

止部	止 그칠지	正 바를정	此 이차	步 걸음보	武 호반무	歲 해세	歷 지낼력	歸 돌아갈귀	歹部	死 죽을사	歿 죽을몰	殀 일찍죽을요

殆 위태할태	胸 다를순	殊 다를수	殖 부를식	殘 나머지잔	殞 떨어질운	殣 죽을에	殯 빈소빈	殲 멸할섬	殳部	殳 창수	段 조각단	殷 은나라은

殺 죽일살	殼 껍질각	殿 전각전	毀 헐훼	毅 굳셀의	毆 칠구	母部	毋 없을무	母 어미모	每 매양매	毒 독할독	比部	比 견줄비

毖	毗	毛部	毛	毫	毬	毿	氄	氈	氏部	氏	民	氓
삼갈비	도울비		터럭모	터럭호	제기구	털길삼	소꼬리 리	담 전		각씨씨	백성민	백성맹

气部	气	氛	氣	氤	氳	水部 氵同	水	永	汀	汁	汎	求
	구름기운기	기운분	기운기	천지기운합할인	기운성할온		물수	길영	물가정	국물집	띄일범	구할구

汗	污	汐	氾	汝	江	池	汽	汰	汲	汾	沁
땀한	더러울오	썰물석	넘칠범	너여	물강	못지	물기운기	미끄러질태	물길을급	물일홈분	젖을심

氓	民	氏		氊	氈	氄	毬	毫	毛		毗	毿
백성맹	백성민	각씨씨		담전	소꼬리리	털길삼	제기구	터럭호	터럭모		도울비	삼갈비

求	汎	汁	汀	永	水		氳	氤	氣	氛	气	
구할구	떡일범	국물집	물가정	길영	물수		기운성할온	천지기운합할인	기운기	기운분	구름기운기	

水部 シ同

气部

沁	汾	汲	汰	汩	汽	池	江	汝	氾	汐	汗	汗
젖을심	분물일홈	물길을급	미끄러질태	율물흐를	기물기운	못지	물강	너여	넘칠범	썰물석	오더러울	땀한

沫	沮	沛	決	沓	沙	沖	沒	沐	沌	沈	沃	沂
거품말	막을저	자빠질패	결단할결	거듭답	모래사	깊을충	빠질몰	목욕할목	혼탁할돈	잠길침	기름질옥	물기

泓	㳙	泉	況	沿	泊	泄	沾	沼	治	油	沸	河
맑을홍	좁게흐를필호	샘천	하물며황	물따라내릴연	쉴박	셀설	젖을첨	굽은못소	다스릴치	기름유	끓을불	물하

洗	洌	洋	泳	泰	注	泥	泣	波	泡	泠	泗	法
씻을세	맑을렬	넓을양	헤엄칠영	클태	물댈주	진흙니	울읍	물결파	거품포	찰랭	콧물사	법법

沫	沮	沛	決	沓	沙	沖	沒	沐	沌	沈	沃	沂
거품말	막을저	패자빠질	결단할	거듭답	모래사	깊을충	빠질몰	목목욕할	혼탁할돈	잠길침	기름질옥	물기

泓	似	泉	況	沿	泊	泄	沾	沼	治	油	沸	河
맑을홍	좁게흐를필	샘천	하물며황	물따라내릴연	실박	셀설	젖을첨	소굽은못	다스릴치	기름유	끓을불	물하

洗	洌	洋	泳	泰	注	泥	泣	波	泡	冷	泗	法
씻을세	맑을렬	넓을양	헤엄칠영	클태	물댈주	진흙니	울읍	물결파	거품포	찰랭	콧물사	법법

派	洽	活	洶	洵	洲	洫	洪	津	洞	洛	洙	洒
물나눠 흐를파	화할 흡	살 활	소동할 흉	믿을순	섬 주	밭고랑 혁	넓을홍	나루진	골 동	락수락	물가수	씻을쇄

涌	消	浸	海	浴	浮	浪	浩	浦	浥	浚	浙	流
물솟을 용	녹을소	적실침	바다해	목욕할 욕	뜰 부	물결랑	넓을호	개 포	젖을읍	팔 준	쌀씻을 절	흐를류

淑	淋	淇	淅	淀	涼	液	涯	涕	涔	涓	涎	涉
맑을숙	물댈림	물 기	쌀일석	배댈정	서늘량	진액액	물가애	눈물제	눈물잠	물방울 연	침 연	건널섭

派	洽	活	洶	洵	洲	洫	洪	津	洞	洛	洙	洒
물나뉘 호를파	화할흡	살 할	소동할 흉	믿을순	섬 주	밭고랑 혁	넓을홍	나루진	골 동	락수락	물가수	씻을쇄

涌	消	浸	海	浴	浮	浪	浩	浦	浥	浚	浙	流
물솟을 용	녹을소	적실침	바다해	목욕할 욕	뜰 부	물결랑	넓을호	개 포	젖을읍	팔 준	쌀씻을 절	흐를류

淑	淋	淇	淅	淀	涼	液	涯	涕	涔	涎	涎	涉
맑을숙	물댈림	물 기	쌀일석	배댈정	서늘량	진액액	물가애	눈물제	눈물잠	물방울 연	첨 연	건널섭

清 맑을청
混 흐릴혼
淵 못 연
淳 순박할순
深 깊을심
淮 물 회
淫 음란할음
淪 빠질륜
淨 맑을정
淤 진흙어
淡 맑을담
凄 찰 처
淚 눈물루

渫 우물칠설
溫 따뜻할온
渦 물돌아흐를와
渥 젖을악
渡 건널도
渠 도랑거
渝 변할유
減 감할감
渚 모랫벌저
渙 어질흩어질환
添 더할첨
淺 얕을천
淹 머무를엄

湛 맑을담
湘 강이름상
湖 호수호
湍 여울단
湃 물결칠배
湊 항구주
湄 물가미
渾 흐릴혼
游 뜰 유
渴 목마를갈
港 항구항
渭 위수위
測 측량할측

清	混	淵	淳	深	淮	淫	淪	淨	淤	淡	淒	淚
맑을정	흐릴혼	못 연	순박할순	깊을심	물 회	음란할 음	빠질륜	맑을정	진흙어	맑을담	찰 처	눈물루

渫	温	渦	渥	渡	渠	渝	減	渚	澳	添	淺	淹
우물칠 설	온 따뜻할	물돌아 흐를와	젖을악	건널도	도랑거	변할유	감할감	모랫벌 저	홀러흘 어질환	더할첨	얕을천	머무를 엄

湛	湘	湖	湍	湃	湊	湄	渾	游	渴	港	渭	測
맑을담	강이름 상	호수호	여울단	물결칠 배	항구주	물가미	흐릴혼	뜰 유	목마를 갈	항구항	위수위	측량할 측

漢字 서체(書體) 자전 — 水(삼수변) 부 글자 모음. 각 칸은 해당 글자의 해서체(楷書體)와 훈(訓)·음(音), 그리고 전서(篆書) 등 여러 서체 변형을 보인다.

윗단

溽	溺	溶	溪	溟	溢	溝	溜	準	源	湲	湯	湮
무더울 욕	빠질 닉	녹을 용	시내 계	바다 명	넘칠 일	도랑 구	물머들 류	법 준	근원 원	흐를 원	더운물 탕	빠질 인

가운뎃단

滲	滌	滕	滔	滓	滑	滋	滎	滇	滅	滄	滂	滁
스밀 삼	씻을 척	등	물오를	물넓을 도	찍끼 재	골	부를 자	물이름 형	못이름 전	멸할 멸	푸를 창	흐를 방

아랫단

漠	漚	漕	演	溉	漏	漉	漆	漂	漁	滿	滯	滴
아득할 만	물거품 구	배저을 조	펼 연	물댈 개	잇을 루	스밀 록	옷칠	빨래할 표	고기잡을 어	찰 만	막힐 체	물방울 적

溽	무더울 욕
溺	빠질 닉
溶	녹을 용
溪	시내 계
溟	바다 명
溢	넘칠 일
溝	도랑 구
溜	물머물 류
準	법 준
源	근원 원
湲	흐를 원
湯	더운물 탕
湮	빠질 인
滲	스밀 삼
滌	씻을 척
滕	물오를 등
滔	물넓을 도
滓	찍끼 재
滑	골 다스릴
滋	부를 자
滎	물이름 형
滇	못이름 전
滅	멸할 멸
滄	푸를 창
滂	흐를 방
滁	물이름 저
漠	아득할 막
漚	물거품 구
漕	배저을 조
演	펼 연
漑	물댈 개
漏	잊을 루
漉	스밀 록
漆	옷 칠
漂	빨래할 표
漁	고기잡을 어
滿	찰 만
滯	막힐 체
滴	물방울 적

漓	漢	連	漩	漪	漫	漬	涬	潄	潼	潊	漸
물샐리	한수한	물무늬 련	물돌선	물결무늬 의	아득할 만	담글지	큰물망	양치할 수	물이름 장	개 서	점점 점

漿	穎	漲	漾	潔	澎	潑	潘	潛	潢	澗	潤
간장장	맑을영	물찰창	물결일 양	정할결	물소리 팽	물뿌릴 발	뜨물번	잠길잠	웅덩이 황	시내간	불을윤

추가: 瀉 짠흙석

潦	潭	潮	潯	潺	潰	澀	澄	澆	漸	澍	澣	澤
장마료	못 담	조수조	물가심	흐를잔	무너질 궤	깔깔할 삽	맑을징	물댈요	때맞춘 시	옷빨한 비 주	윤택할	택

漸	潵	漳	漱	潚	潾	漬	漫	漪	漩	漣	漢	漓
점점점	개서	물이름장	양치할수	물결치는소리숙	큰물망	담글지	아득할만	물결무늬의	물돌선	물무늬련	한수한	물샐리

潤	澗	潢	潟	潜	潘	潑	澎	潔	漾	漲	潁	漿
불을윤	시내간	웅덩이황	짠흙석	잠길잠	뜨물번	물뿌릴발	물소리팽	정할결	물결일양	물찰창	맑을영	간장장

澤	澣	澍	澌	澆	澄	澀	潰	潺	潯	潮	潭	潦
운택할택	옷빨한	때맞춘비주	물잦을시	물댈요	맑을징	깔깔할삽	무너질궤	흐를잔	물가심	조수조	못담	장마료

瀣	澧	澮	澱	澳	澹	激	濁	濃	澟	濘	濛	濟
바다별 해	물이름 례	도랑 회	앙금 전	물가 오	고요할 담	급할 격	흐릴 탁	무르녹을 농	차고맑을 름	진흙 녕	가는비 몽	건늘 제
濡	濤	濯	濠	濫	濕	濱	瀆	瀑	瀕	瀉	瀛	瀝
젖을 유	큰물결 도	씻을 탁	물 호	넘칠 람	젖을 습	물가 빈	흐릴 독	폭포수 폭	물가 빈	쏟을 사	큰바다 영	물방울 력
瀧	瀞	瀦	瀨	瀟	瀰	瀲	瀾	灌	灑	灘	灝	灣
폭포롱	정결할 정	물괼 저	여울뢰	빗소리 소	물가득 미	물넘칠 렴	물결란	물댈 관	물뿌릴 새	여울탄	물줄기 호	물굽이 만

濟	濛	濘	凜	濃	濁	激	澹	澳	澱	澮	澧	瀣
건늘제	가는비몽	진흙녕	차고맑을름	무르녹을농	흐릴탁	급할격	고요할담	물가오	앙금전	도랑회	물이름례	바다별해

瀝	瀛	瀉	瀕	瀑	瀆	濱	濕	濫	濠	濯	濤	濡
물방울력	큰바다영	쏟을사	물가빈	폭포수폭	흐릴독	물가빈	젖을습	넘칠람	물호	씻을탁	큰물결도	젖을유

灣	灝	灘	灑	灌	瀾	瀲	瀰	瀟	瀨	瀞	瀧
물굽이만	물줄기호	여울탄	새물뿌릴	물댈관	물결란	물넘칠렴	물가득미	빗소리소	여울뢰	정결할정	폭포롱

火	灰	灸	灼	災	炊	炎	炙	炒	炫	炬	炭
불 화	재 회	지질구	사를작	재앙재	불땔취	불꽃염	구을자	볶을초	밝을현	횃불거	숯 탄

炮	炯	炳	烈	烏	烘	烙	烜	烝	烹	烽	焉	焚
싸서구을포	밝을형	빛날병	매울렬	까마귀오	불쬘홍	지질락	밝을훤	찔 증	삶을팽	봉화봉	어찌언	태울분

焞	無	焦	焰	然	輝	煌	煎	煮	煒	熙	煖	煙
밝을순	없을무	탈 초	불꽃염	그러할연	빛날휘	빛날황	다릴전	삶을자	밝을위	빛날희	따뜻할난	연기연

炭	炬	炫	炒	炙	炎	炊	災	灼	灸	灰	火	火部 灬同
숯 탄	횃불 거	밝을 현	볶을 초	구을 자	불꽃 염	불땔 취	재앙 재	사를 작	지질 구	재 회	불 화	

焚	焉	烽	烹	烜	烙	烘	烏	烈	炳	炯	炮
태울 분	어찌 언	봉화 봉	삶을 팽	밝을 훤	지질 락	불쬘 일	까마귀 오	매울 렬	빛날 병	밝을 형	싸서구을 포

煙	煖	熙	煒	煮	煎	煌	煇	然	焰	焦	無	焞
연기 연	따뜻할 난	빛날 희	밝을 위	삶을 자	다릴 전	빛날 황	빛날 휘	그러할 연	불꽃 염	탈 초	없을 무	밝을 순

熟	熒	熏	熊	熅	熄	煽	煬	煩	照	煥	煤	煢
익을숙	빛날형	불기운훈	곰웅	따뜻할온	불꺼질식	불붙일선	화할양	번거할번	비칠조	밝을환	매연매	외로울경

燕	燒	燐	燎	燈	燃	燀	熾	熹	熱	熬	熨	熠
제비연	태울소	황불린	불놓을료	등불등	탈연	불땔천	불성할치	밝을희	더울열	볶을오	다리미울	선명할습

壽	燿	爐	爇	燭	燬	燧	燦	燥	燠	營	燉	燔
덮을도	비칠요	불뚱신	들불선	촛불촉	불성할훼	봉화수	밝을찬	마를조	더울욱	경영할영	불성할돈	구을번

煢	외로울 경
煤	매연 매
煥	밝을 환
照	비칠 조
煩	번거할 번
煬	화할 양
煽	불붙일 선
熄	불꺼질 식
熅	따뜻할 온
熊	곰 웅
熏	불기운 훈
熒	빛날 형
熟	익을 숙

熠	선명할 습
熨	다리미 외
熬	볶을 오
熱	더울 열
熹	밝을 희
熾	불성할 치
燀	불땔 천
燃	탈 연
燈	등불 등
燎	불놓을 료
燐	황불 린
燒	태울 소
燕	제비 연

燔	구울 번
燉	불성할 돈
營	경영할 영
燠	더울 욱
燥	마를 조
燦	밝을 찬
燧	봉화 수
燬	불성할 훼
燭	촛불 촉
燹	들불 선
燼	불똥 신
燿	비칠 요
燾	덮을 도

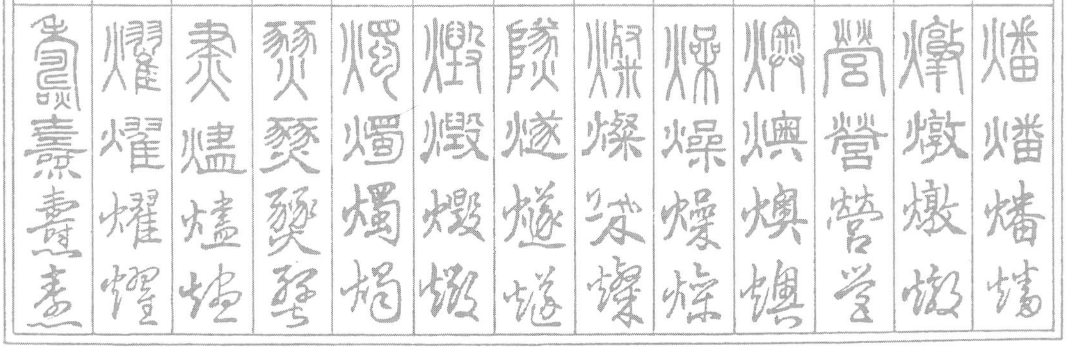

書體字典 — 部首別 篆書 字典

爪部 (爪同)

燦	빛날삭
爆	불터질 폭
爐	화로 로
爉	불꽃염
爛	데어터질 란
爝	횃불조
爟	봉화관
爨	불땔찬
爪	손톱조
爬	긁을파
爭	다툴쟁
爰	이에원

爻部 · 父部

爾	너 이
爽	시원할상
爻	점괘효
爺	아비야
父	아비부
爵	벼슬작
爲	하 위
牀	평상상
牂	암양장
牆	담 장

爿部 · 片部 · 牙部 · 牛部

片	조각편
版	쪼갤판
牋	표할전
牌	패 패
牒	편지첩
牓	방 방
牖	인도할유
牘	편지독
牙	어금니아
牚	버팀목당

各 部首: 爪部 · 爻部 · 父部 · 爿部 · 片部 · 牙部 · 牛部

燥	빛날 삭
爆	불터질 폭
爐	화로 로
爓	불꽃 염
爛	데어터질 란
爝	햇불 조
爟	봉화 관
爨	불땔 찬
爪	손톱 조 (爪部 爫同)
爬	긁을 파
爭	다툴 쟁
爰	이에 원

爲	하 위
爵	벼슬 작
父	아비 부 (父部)
爺	아비야
爻	점괘 효
爽	시원할 상
爾	너 이 (爾部)
牀	평상 상 (爿部)
牂	암양 장
牆	담 장

片	조각 편 (片部)
版	쪼갤판
牋	표할전
牌	패 패
牒	편지첩
牓	방 방
牖	인도할 유
牘	편지독
牙	어금니 아 (牙部)
牚	버팀목 당
牛部	

牛部

牛 소 우 / 牝 빈 암짐승 / 牟 클 모 / 牡 수컷 무 / 牢 견고할 로 / 牣 인 가득할 / 牧 기를 목 / 物 만물 물 / 牲 희생 생 / 牴 받을 저 / 牷 전 순색쇠 / 特 특별 특 / 牽 길잡아당길 견

犀 들소 서 / 犂 쟁기 리 / 犇 소놀라 떨 분 / 犍 건 불깐소 / 犖 락 얼룩소 / 犒 호 호괴할 / 犢 독 송아지 / 犠 희생 희 / 犨 흰소 주 / 犬部 犭同 / 犬 개 견 / 犯 범할 범 / 狀 형상 상

犹 윤 오랑캐 / 狂 윤 미칠광 / 狄 적 오랑캐 / 狁 충 개이름 / 狎 압 친근할 / 狐 여우 호 / 狗 개 구 / 狙 저 손긴원숭이 / 狛 박 개이름 / 狡 교 간사할 / 狩 수 사냥할 / 狸 리 삵갱이 / 狹 협 좁을

牛	牝	牟	牡	牢	牣	牧	物	牲	牴	牷	特	牽
소 우	암짐승 빈	클 모	수컷 무	견고할 로	가득할 인	기를 목	만물 물	희생 생	받을 저	순색쇠 전	특별 특	잡아당길 견

犀	犁	犇	犖	犍	犒	犢	犧	犨		犬	犯	狀
들소 서	쟁기 리	떨 분	소놀라 분	불깐소 건	얼룩소 락	호궤할 호	송아지 독	희생 희	흰소 주	개 견	범할 범	형상 상

犬部 犭同

狁	狂	狄	狆	狎	狐	狗	狙	狍	狡	狩	狸	狹
오랑캐 윤	미칠 광	오랑캐 적	개이름 충	친근할 압	여우 호	개 구	숭이 저	개이름 박	간사할 교	사냥할 수	삵괭이 리	좁을 협

狻	狼	狽	猊	猋	猖	猗	猛	猜	猝	猥	猨	猩
사자산	이리랑	낭패패	사자예	날 표	미칠창	불간개의	날랠맹	시기할시	창졸졸	망령될외	원숭이원	성성이성

獨	猫	猴	猴(후)	猶	猪	猿	猾	獄	獅	獎	撅	獠
사냥개혈	고양이묘	원숭이후	꾀할유	오히려유	돼지저	원숭이원	교활할활	옥옥	사자사	권할장	칠궐·형세떨	밤에산양할료

獨	獪	獫	獮	獰	獲	獸	獵	獻	獺	五畫	玄部	玄
홀로독	교활할회	오랑캐렴	가을사냥선	영악할녕	얻을획	짐승수	사냥할렵	드릴헌	수달달			검을현

狌 성성이 성	猨 원숭이 원	猥 망령될 외	猝 창졸 졸	猜 시기할 시	猛 날랠 맹	猗 불깐개 의	猖 미칠 창	犻 개다리날 표	猊 사자 예	狽 낭패 패	狼 이리 랑	㺍 사자 산

獠 밤에산할 료	獗 형세떨 궐	獎 권할 장	獅 사자 사	獄 옥 옥	猾 교활할 활	猿 원숭이 원	猪 돼지 저	猶 오히려 유	猷 꾀할 유	猴 원숭이 후	猫 고양이 묘	獨 사냥개 혈

玄 검을 현		**五畫** 玄部	獺 수달 달	獻 드릴 헌	獵 사냥할 렵	獸 짐승 수	獲 얻을 획	獰 영악할 녕	獫 가을사냥 렴	獂 오랑캐 회	獪 교활할 회	獨 홀로 독
玄 玄 玄												

玻	珀	玳	玲	玩	玟	玖	玕	王	玉		率	兹
유리파	호박박	대모대	옥소리령	구경완	옥돌민	검은돌구	옥같은돌간	임금왕	구슬옥	玉部 王同	솔 거느릴	이자

現	珽	珮	珩	班	珪	珥	珠	珙	珍	珊	珉	珈
나타날현	옥홀정	패옥패	노리개형	반렬반	서옥규	귀걸이이	구슬주	큰둥근옥공	보배진	산호산	아름다운돌민	머리치장가

琫	琨	琦	琥	琤	琢	琛	琚	琝	琉	理	琅	球
칼치장봉	운옥곤	옥기	옥호부호	쟁옥소리	옥다듬탁	보배침	패옥거	무부무	유리류	다스릴리	옥같은돌랑	둥근옥구

玉 部 王同

玆	이자
率	거느릴 솔
玉	구슬 옥
王	임금 왕
珏	옥같은 돌 간
玖	검은돌 구
玟	옥돌 민
玩	구경 완
玲	옥소리 령
玳	대모 대
珀	호박 박
玻	유리 파
珈	머리치장 가
珉	운돌 민
珊	산호 산
珍	보배 진
珙	옥 큰동근 공
珠	구슬 주
珥	귀걸이 이
珪	서옥 규
班	반렬 반
珩	노리개 형
珮	패옥 패
玼	옥홀 정
現	나타날 현
球	둥근옥 구
琅	옥같은 돌 랑
理	다스릴 리
琉	유리 류
珷	무부 무
琚	패옥 거
琮	보배침 종
琢	옥다듬을 탁
琤	옥소리 쟁
琥	옥호부 호
琦	아름다울 기
琨	운옥 곤
琫	칼치장 봉

琬	琮	瑄	琰	琳	琴	琵	琶	琺	瑇	瑊	瑕	瑑
서옥원	옥돌종	옥저관	서옥염	아름다운옥림	거문고금	비파비	비파파	법랑법	대모매	아름다운돌감	옥티하	색일전

瑋	瑗	瑚	瑙	瑛	瑜	瑟	瑞	瑣	瑤	瑩	瑰	瑪
울위	구멍큰옥원	산호호	옥돌노	옥빛영	아름다운옥유	검은고슬	상서서	쇄옥가루	아름다운옥요	아름다운돌영	아름다운돌괴	마노마

瑱	瑳	瑾	璀	璆	璋	璃	璜	璠	璣	璧	璨	璫
충이진	옥빛차	붉은옥근	옥빛최구	옥경쇠구	반쪽서옥장	유리리	구슬황	보배옥번	작은진주기	둥근옥변	옥광채찬	귀걸이당

瑑	瑕	瑊	瑁	琺	琶	琵	琴	琳	琰	琯	琮	琬
색일전	옥티하	운돌감	아름다 대모매	법랑법	비파파	비파비	거문고 금	아름다 운옥림	서옥염	옥저관	옥돌종	서옥원

瑪	瑰	瑩	瑤	瑣	瑟	瑞	瑜	瑛	瑠	瑚	瑗	瑋
마노마	아름다 운돌괴	아름다 운돌영	아름다 운옥요	쇄 옥가루	슬 검은고	상서서	아름다 운옥유	옥빛영	옥돌로	산호호	구멍큰 옥원	보배로 울위

瑭	璨	璧	璣	璠	璜	璃	璋	璆	璀	瑾	璡	瑱
당	귀걸이 찬	옥광채 벽	둥근옥 변	주기 작은진	보배옥 번	구슬황	유리리	옥장 반쪽서	옥경쇠 구	옥빛최 근	옥빛차	충이진

瓢 박표　瓠 표주박 호　胅 북치질　瓜 외과　瓜部　瓚 옥그릇 찬　瓘 서옥관　瓏 환할롱　瓊 붉은옥 경　璿 운옥선 아름다여　璵 보배옥 여　璽 옥새사　環 돌릴환

瓣 외씨판　瓦部　瓦 기와와　瓴 귀달린 병령　瓶 병병　甇 우물벽 돌추　甄 질그릇 진　甌 중발구　甑 시루증　甍 마루대 맹　甓 벽돌벽　甕 독옹　甘部

甘 달감　甚 심할심　甜 달첨　生部　生 날생　産 해산산　甥 생질생　甦 다시살 소　用部　用 쓸용　甫 클보　甬 길용　田部

瓢	瓠	瓞	瓜		瓚	瓘	瓏	瓊	璿	璵	璵	璽	環
박 표	표주박 호	북치질	외 과	瓜部	옥그릇 찬	서옥관	환할롱	아름다 경	붉은옥 경	운옥선	보배옥 여	옥새사	돌릴환

甕	甓	甑	甍	甌	甄	甀	瓶	瓴	瓦		瓣
독 옹	벽돌벽	시루증	마루대 맹	중발구	질그릇 진	돌추 우물벽	병 병	귀달린 병령	기와 와	瓦部	외씨판

甘部

甬	甫	用		甦	甥	産	生		甜	甚	甘
길 용	클 보	쓸 용	用部	다시살 소	생질생	해산산	날 생	生部	달 첨	심할심	달 감

田部

田	由	甲	申	男	甸	町	畊	畀	界	畏	留	畔
밭 전	말미암을 유	갑옷 갑	펼 신	사내 남	경기 전	지경 정	백성 맹	줄 비	지경 계	두려울 외	머무를 류	밭골 반

畚	畛	畝	畜	畢	畤	略	畦	番	畫	畯	異	當
삼태 분	밭골 진	밭넓이 무	기를 축	마칠 필	제터 치	간략할 략	밭두둑 휴	번 번	그림 화	권농관 준	다를 이	마땅 당

畷	畸	畹	畿	疇	疊	足	疏	疑	疐	疚
밭사이길 철	좌익군 사기	밭삼십 이랑원	지경 기	삼밭 주	거듭 첩	짝 필	상소 소	의심 의	굽힐 치	구 오랜병

足部　疒部　广部

田 밭 전	由 말미암을 유	甲 갑옷 갑	申 펼 신	男 사내 남	甸 경기 전	町 지경 정	畈 백성 맹	畀 줄 비	界 지경 계	畏 두려울 외	留 머무를 류	畔 밭골 반

番 삼태 분	畛 밭골 진	畝 밭넓이 무	畜 기를 축	畢 마칠 필	畤 제터 치	略 간략할 략	畦 밭두둑 휴	番 번 번	畫 그림 화	畯 권농관 준	異 다를 이	當 마땅 당

畷 밭사이길 철	畸 좌익군 사기 기	畹 밭삼십이랑 원	畿 지경 기	疇 삼밭 주	疊 거듭 첩		疋 짝 필	疏 상소 소	疑 의심 의	憲 급힐치		疚 오랜병 구
			畿 部			足 部	足 部				广 部	广 部

산증산 疝　열병진 㾄　사마귀 우 疣　옴 개 疥　돌림병 역 疫　부풀 포 疱　흠집 자 疵　가쁠 피 疲　아플 동 疼　역질진 疹　황달단 疸　병 질 疾　병증세 症

병들 병 病　병나을 전 痊　다칠 이 痍　치질 치 痔　흥터흔 痕　아플 보 痡　아플 통 痛　이질 리 痢　어리석을 치 痴　담 담 痰　각기 비 痺　고질 고 痼　병깊을 아 痾

모저릴 위 痿　병들 취 瘁　병나을 유 瘉　머리헐 양 瘍　병어리 음 瘖　파리할 수 瘦　문을 예 瘞　파리할 척 瘠　종기창 瘡　병나을 채 瘥　혹 류 瘤　학질 학 瘧　병나을 료 瘳

症	疾	疸	疼	疹	疵	疲	疱	疫	疥	疣	痧	疝
증 병증세	병 질	황달단	아플동	역질진	흠집자	가쁠피	부풀포	돌림병역	옴 개	사마귀우	열병진	산증산

痾	痼	痹	痰	痴	痢	痛	痛	痕	痔	痍	痊	病
아 병깊을	고질고	각기비	담 담	어리석을치	이질리	병들보	아플통	흉터흔	치질치	다칠이	전 병나을	병들병

廖	瘧	瘤	瘡	瘡	瘠	瘞	瘦	瘍	瘉	瘁	瘻
료 병나을	학질학	혹 류	채 병나을	종기창	척 파리할	수 문을예	수 파리할	양 머리헐	유 병나을	위 병들취	모저릴

疒部 (continued)

한자	뜻	음
瘻	목부을	루
瘵	노점	채
療	병고칠	료
癃	들피병	룡
癈	고질	폐
癘	염병	려
癖	적병병	벽
癡	어리석을	치
癢	가려울	양
癬	버짐	선
癭	목의혹	영
癰	종기	옹
癲	간질병	전

癶部 · 白部

한자	뜻	음
癸	북방	계
登	오를	등
發	필	발
白	흰	백
百	일백	백
皁	검을	조
的	적실할	적
皆	다	개
皇	임금	황
皋	언덕	고
皎	달빛휠	교

皮部 · 皿部

한자	뜻	음
皙	흴	석
皚	흴	애
皓	밝을	호
皮	가죽	피
皴	가죽주름질	준
皸	얼어터질	군
皺	주름질	추
皿	그릇	명
盂	밥사발	우
盆	소래	분

癲	癰	癭	癬	癢	癡	癖	癘	癈	癃	療	癆	瘻
전 간질병	옹 종기옹	영 목의혹	선 버짐선	양 가려울	치 어리석을	벽 적병병	려 염병려	폐 고질폐	룡 들피병	로 병고칠	채 노점채	루 목부을

皎	皋	皇	皆	的	皁	百	白	白 部	發	登	癸	癸 部
교 달빛흴	고 언덕고	황 임금황	개 다개	적 적실할적	조 검을조	백 일백백	백 흰백		발 필발	등 오를등	계 북방계	

盆	盂	皿	皿 部	皺	皸	皴	皮	皮 部	皓	皦	皚	晳
분 소래분	우 밥사발우	명 그릇명		추 주름질추	군 얼어터질군	준 가죽터름질준	피 가죽피		호 밝을호	교 옥빛흴	애 흴애	석 흴석

目部 四同

(윗줄, 오른쪽에서 왼쪽으로)

盈 찰 영	盂 잔 배	益 더할 익	盎 동이 앙	盉 화할 합	盒 합 합	盛 성할 성	盜 도적 도	盟 맹서할 맹	盞 술잔 잔	盡 다할 진	監 볼 감	盤 소반 반

(가운뎃줄, 오른쪽에서 왼쪽으로)

盥 손씻을 관	盧 성 로	盬 먹을 고	盠 어그러질 려	盪 씻을 탕	目部 四同	目 눈 목	盲 판수 맹	直 곧을 직	相 서로 상	盼 눈반뜰 예	眄 눈흘겨볼 혜	眄 곁눈질 면

(아랫줄, 오른쪽에서 왼쪽으로)

盾 방패 순	省 살필 성	眇 애꾸 묘	眈 노려볼 탐	眉 눈섭 미	看 볼 간	昀 눈굴려볼 전	昉 본받을 방	眊 깜짝놀라볼 혈	眈 눈호릴 매	眛 눈어두울 매	眩 눈현혹할 혈	眞 참 진

한자	盤	監	盡	盞	盟	盜	盛	盒	盍	盎	益	盃	盈
훈음	소반 반	볼 감	다할 진	술잔 잔	맹서할 맹	도적 도	성할 성	합 합	화할 합	동이 앙	더할 익	잔 배	찰 영

한자	眄	盻	盼	相	直	盲	目	目部四同	盪	盝	盬	盧	盥
훈음	곁눈질 면	눈흘겨볼 혜	눈매예쁠 반	서로 상	곧을 직	판수 맹	눈 목		씻을 탕	어그러질 려	먹을 고	성 로	손씻을 관

한자	眞	眩	眛	眣	眊	盷	眅	看	眉	眈	眇	省	盾
훈음	참 진	눈현혹할 혹	눈어두울 매	감쪽놀라볼 혈	눈흐릴 모	본받을 방	눈굴려볼 전	볼 간	눈섭 미	노려볼 탐	애꾸 묘	살필 성	방패 순

眥 자 흘겨볼　眚 생 재앙　眙 이 눈뜰이　眕 진 보는한　眠 면 졸　眢 원 눈어두울　眼 안 눈　眷 권 돌아볼　眴 순 눈짓할　眵 치 눈꼽치　眹 진 눈동자　眺 조 볼　眽 맥 서로볼

眯 미 눈에티들　眸 모 눈동자　睎 희 사모할　睆 환 고운모양　睐 래 눈섭첩　睇 제 적게볼　睪 역 엿볼역　睢 휴 볼휴　睨 예 흘겨볼　睧 혼 눈어두울　睡 수 졸　睛 정 눈망울

睫 첩 속눈썹　睒 섬 빛날섬　督 독 거느릴　睊 견 겻눈질할　睦 목 화목할　睞 래 겻눈질할　睠 권 돌아볼　睿 예 성인예　睾 고 불알고　睽 규 눈돌이킬　睹 도 볼　瞀 무 어리석을　瞋 전 눈부릅뜰

眽	眺	眹	眵	眗	眷	眼	眢	眠	眕	眙	眚	眥
맥 서로볼	조 볼	진 눈동자	치 눈꼽	순 눈짓할	권 돌아볼	안 눈	원 눈어울	면 졸	진 보는한정	이 눈뜰	생 재앙	자 흘겨볼

睛	睡	睧	睨	睢	睚	睪	睇	睞	睆	睎	眸	眯
정 눈망울	수 졸	혼 눈어울	예 흘겨볼	휴 성내어볼	애 눈가	역 엿볼	제 적게볼	첩 눈섭	환 고운모양	희 사모할	모 눈동자	미 눈에티들

瞋	瞀	睹	睽	睾	睿	瞏	睞	睦	瞑	督	睒	睫
전 눈부릅뜰	무 어리석을	도 볼	규 눈돌이킬	고 불알	예 성인	권 돌아볼	래 겻눈질할	목 화목할	비 할겻눈질	독 거느릴	섬 빛날	첩 속눈썹

瞍	瞑	瞠	瞞	瞟	瞢	瞰	瞬	瞳	瞥	瞭	眼	瞼
판수수	눈감을 명	바로볼 당	속일만	눈적은 모양표	눈어두 울 몽	구부려 볼 감	눈꿈쩍 일 순	눈동자 동	잠깐볼 별	눈밝을 료	애눈예 맥 편	눈시울 검

瞽	瞻	矍	矇	矐	矎	矊	矋	矗	矕	矚		矛部
판수고	쳐다볼 첨	번개불 획	청맹관 몽	놀라볼 확	눈부실 현	붉을멸 눈초리	눈멀획 찾아볼 리	우뚝할 촉	눈예쁠 만	볼 촉		矛 部

矛	矜	矞	矠	矟		矢	矣	知	矧	矩	矬	短
세모창 모	불쌍할 긍	송곳으로 뚫을 율	작살착	긴창삭	矢 部	살 시	어조사 의	알 지	하물며 신	곡척구	난장이 좌	짧을단

| 瞼 눈시울 검 | 瞯 애눈예맥편 | 瞭 눈밝을 료 | 瞥 잠깐볼 별 | 瞳 눈동자 동 | 瞬 눈꿈쩍일 순 | 瞢 눈어두울 몽 | 瞟 눈적은 모양표 | 瞞 속일만 | 瞠 바로볼 당 | 瞑 눈감을 명 | 瞍 판수 수 |

| 瞿部 | 矚 볼 촉 | 矕 눈예쁠 만 | 矗 우뚝할 촉 | 矖 찾아볼 리 | 矘 눈멀 희 | 矇 붉을멸 | 眩 눈부실 현 | 矐 놀라볼 학 | 矇 청맹관 몽 | 矆 번개볼 획 | 矒 처다볼 첨 | 판수고 |

| 矢部 |
| 矛 세모창 모 | 矜 불쌍할 긍 | 矞 송곳으로 뚫을 율 | 矠 작살 착 | 矟 긴창 삭 | | 矢 살 시 | 矣 어조사 의 | 知 알 지 | 矧 하물며 신 | 矩 곡척 구 | 矬 난장이 좌 | 短 짧을 단 |

矮	작을 왜
矯	바로잡을 교
矰	주살 증
矱	법도 확
石	돌 석
石部	
矴	배닻을 정
砂	모래 사
砌	섬돌 체
砒	비상 비
砦	목책 채
砥	숫돌 지
砠	돌산흙덮일 저
砧	방칫돌 침
砮	돌살촉 노
破	깨트릴 파
砲	대포 포
砰	물파도소리 팽
砭	돌침 펌
砢	돌모양 가
研	갈 연
硬	굳을 경
硯	벼루 연
硝	망초 초
硠	돌소리 랑
硫	유황 류
碕	굽은낭떠러지 기
棊	바둑돌 기
碎	부스러질 쇄
碏	공경할 작
碓	방아 대
碓	누를 추
碇	배닻 정
碆	돌살촉 파
硼	붕사 붕
碑	비석 비
碌	푸른돌 록
碪	방칫돌 침

砥	숫돌 지
砦	목책 채
砒	비상 비
砌	섬돌 체
砂	모래 사
矻	수고로울 굴
矴	배닷을 정
石	돌 석
石部	
矱	법도 확
矰	주살 증
矯	바로잡을 교
矮	작을 왜
硠	돌소리 랑
硝	망초 초
硯	벼루 연
硬	굳을 경
研	갈 연
砢	돌모양 가
砭	돌침 폄
硑	소리파도 팽
砲	대포 포
破	깨트릴 파
硌	돌살촉 노
砧	방칫돌 침
砠	돌산흙 덮일 저
礵	방칫돌 침
碌	푸른돌 록
碑	비석 비
硼	봉사 붕
砮	돌살촉 파
碇	배닷 정
硾	누를 추
碓	방아 대
硞	공경할 작
碎	부스러질 쇄
碁	바둑돌 기
碕	굽은낭떠러지 기
硫	유황 류

磐	磅	碼	礋	磁	磋	魂	確	磑	碧	碩	碞
반석 반	돌소리 방	마노 마	동지할 책	지남철 자	갈 차	돌모양 외	확실할 확	맷돌 애	푸를 벽	클 석	험할 암

磻	磴	礁	磯	礦	磽	磨	磧	磛	磬	破	礛	磊
시내 반	돌고개 등	암초 초	자갈 기	쇳돌 광	단단할 교	갈 마	물가자갈 적	산험할 참	돌경쇠 경	우뢰소리 은	숫돌 렴	돌많을 뢰

礫	礪	礌	礧	礦	礙	礧	礑	礎	礒	礐	磷
자갈 력	숫돌 려	적은구멍 뢰	돌굴릴 뢰	쇠돌 광	그칠 애	돌굴릴 뢰	밑 당	주춧돌 초	바위의 각	돌험할 교	돌비늘 린

磐	磅	碼	礋	磁	磋	磈	確	磑	碧	碩	碼	碞
반석 반	방 돌소리	마 노마	책 동지할	자 지남철	갈 차	외 돌모양	확실 확	애 맷돌	벽 푸를	석 클	비석갈	험할 암

磻	磴	礁	磯	礦	硞	磨	磧	磛	磬	破	礫	磊
시내 반	등 돌고개	암초 초	자갈 기	쉿돌 광	교 단단할	갈 마	적 물가자	참 산험할	경 돌경쇠	은 우뢰소리	숫돌 력	뢰 돌많을

礫	礦	礨	碨	礦	礙	礧	礑	礎	礒	礆	磷
자갈 력	숫돌 려	적은구멍 뢰	돌굴림 뢰	쇠돌 광	그칠 애	돌굴릴 뢰	밑 당	주춧돌 초	바위의 각	교 돌험할	린 돌비늘

백반번 礬	갈 롱 礱		示部 示同	보일시 示	사직사 社	여름제사 이름약 礿	제사사 祀	재앙요 祆	지신기 祇	빌기 祈	복지 祉	도울우 祐	푸닥거리불 祓

부제사 祔	비밀할비 祕	할아비조 祖	공경할지 祗	복조조 祚	물리칠거 祛	복호 祜	빌축 祝	귀신신 神	빌미수 祟	사당사 祠	천제지낼시 祡	상서상 祥

체전할조 祧	표할표 票	합제사협 祫	제사제 祭	무리침 禔	기할기 祺	강신할관 祼	녹록 祿	여쭐품 稟	금할금 禁	푸닥거리계 禊	재화화 禍	상서정 禎

攀 백반번	豂 갈 롱	示 部 不同	示 보일시	社 사직사	礿 여름제사 이름약	祀 제사사	祅 재앙요	祇 지신기	祈 빌기	祉 복지	祐 도울우	祓 푸닥거리불

祔 부제사부	祕 비밀할비	祖 할아비조	祗 공경할지	祚 복조조	祛 거물리칠거	祜 복호	祝 빌축	神 귀신신	祟 빌미수	祠 사당사	祡 천제지낼시	祥 상서상

祧 체전할조	票 표할표	祫 합제사협	祭 제사제	禓 무리침	祺 기할기	祼 강신할관	祿 녹록	稟 여쭐품	禁 금할금	禊 푸닥거리계	禍 재화화	禎 상서정

福 복복	祺 제사매	禘 나라큰제향제	禡 진터제마	禦 막을어	禧 복희	禨 상서기	禪 고요할선	禬 제사회	禮 예도례	禰 아비사당니	禱 빌도	禳 양기도할

内 짐승발자국유	禹 우임금	禺 사시우	禽 새금	禾 部	禾 벼화	禿 모지라질독	秀 빼낼수	私 사사사	秈 메벼선	秉 잡을병	季 햇년

內 部

秋 가을추	耗 해질모	科 조목과	秒 벼까락묘	秕 쭉정이비	租 부세조	秣 말먹일말	秤 저울평	秦 진나라진	秧 모앙	秩 차례질	秬 검은기장거	稏 천억자

禳	禱	禰	禮	禮	禪	禨	禧	禦	禡	禘	祺	福
기도할 양	빌 도	아비사당 니	예도례	제사회	고요할 선	상서기	복 희	막을 어	진터제 마	제향제 나라큰	제사매	복 복

季	秉	秈	私	秀	禿	禾		禽	禹	内		
햇 년	잡을병	메벼선	사사사	빼날수	질 독 모지라	벼 화	禾 部	새 금	사시우 우임금	짐승발 자국유	内 部	

䄮	租	秩	秧	秦	秤	秣	租	秕	秒	科	秏	秋
천역자	장거 검은기	차례질	모앙	진나라 진	저울평	말먹일 말	부세조	쭉정이 비	벼까락 묘	조목과	해질모	가을추

稚 어릴치	稗 피패	棶 밀래	稔 여물임	稑 올벼륙	稍 점점초	程 법식정	稈 볏줄기간	税 부세세	秠 등겨부	粮 강아지풀랑	稀 드물희	移 옮길이
豪 볏짚고	稽 상고할계	稼 심을가	稻 벼도	稙 빽빽할진	稷 기장직	稱 일컬을칭	種 씨종	秫 찰벼나	稠 빽빽할주	稟 품할품	稜 모서리릉	稇 묶을곤
穰 벼줄기양	穩 편안할온	穢 더러울예	穡 곡식거둘색	穠 번성할농	穜 늦벼동	穗 이삭수	穎 이삭끝영	積 쌓을적	穆 아름다울목	穅 겨강	穀 곡식곡	稿 원고고

稚	稗	秣	稔	稑	稍	程	稈	稅	稃	稂	稀	移
어릴 치	피 패	밀 래	여물 임	올벼 륙	점점 초	법식 정	볏줄기 간	부세 세	등겨 부	강아지풀 랑	드물 희	옮길 이

藁	稽	稼	稻	積	稷	稱	種	稬	稠	稟	稜	稇
볏짚 고	상고할 계	심을 가	벼 도	빽빽할 진	기장 직	일컬을 칭	씨 종	찰벼 나	빽빽할 주	품할 품	모서리 릉	묶을 곤

穰	穩	穢	穡	穠	種	穗	穎	積	穆	穅	穀	稿
볏줄기 양	편안할 온	더러울 예	곡식거둘 색	번성할 농	늦벼 둥	이삭 수	이삭끝 영	쌓을 적	아름다울 목	겨 강	곡식 곡	원고 고

穴 部

穴 구멍혈
究 궁구할구
穹 높을궁
空 빌공
穽 함정정
穿 뚫을천
突 마주칠돌
窄 좁을착
窅 눈깊을요
窆 하관할폄
窈 고울요
窊 웅덩이와

窋 뾰족내밀줄
窌 굴교
窔 고요할조
窒 막힐질
窕 조 고요할
窗 창창
窘 궁색할군
窖 굴고
窞 구멍굴
窠 새집과
窩 감출와
窪 웅덩이와
窮 다할궁
窯 기와가마요

窶 예절없을구
窿 하늘륭
窺 엿볼규
竄 도망할찬
窬 구멍규
竇 구멍두
竈 부뚜막조
竊 도적할절

立 部

立 설립
竑 헤아릴횡
竛 홀로설영
站 참참
竚 오래설저

穴 部

穴 구멍혈	究 궁구할구	穹 높을궁	空 빌공	穽 함정정	穿 뚫을천	突 마주칠돌	窄 좁을책	宨 눈깊을요	窆 하관할폄	窈 고울요	窊 웅덩이와

窋 뽀족내밀줄	窌 굴교	窒 막힐질	窅 조 고요할	窟 굴고	窗 창	窘 궁색할군	窟 구멍굴	窠 새집과	窩 감출와	窪 웅덩이와	窮 다할궁	窯 기와요마

窶 을구	窿 하늘륭	窺 엿볼규	竄 도망할찬	竅 구멍규	竇 구멍두	竈 부뚜막조	竊 도적할절		立 설립	竑 헤아릴횡	竑 홀로설	站 참	竚 오래설저

立 部

六畫

立部 (續)

竝	竟	章	㑳	竣	童	竦	竪	竫	嵑	端	競
아우를 병	마칠 경	글장 장	기다릴 사	마칠 준	아이 동	두려울 송	세울 수	머물러편·안할 정	다할 갈	끝 단	다툴 경

竹部

竹	竺	竽	竿	笄	笈	笊	笏	笑	笘	笙	笛
대 죽	두터울 독	피리 우	대줄기 간	비녀 계	상자 급	조리 조	홀 홀	웃음 소	대롱 점	피리 생	피리 적

笞	笠	筎	茲	符	第	筳	笯	筒	笳	筅	筌	筆
태장 태	삿갓 립	대상자 사	대레메 일교	병부 부	차례 제	전동 책	새장 노	통발구	피리 가	살대 간	대 선	붓 필

六畫

| 竝 아우를 병 | 竟 마칠 경 | 章 글장 장 | 竢 기다릴 사 | 竣 마칠 준 | 童 아이 동 | 竦 두려울 송 | 竪 세울 수 | 靖 머물러편 안할 정 | 碣 다할 갈 | 端 끝 단 | 競 다툴 경 |

竹 部

| 竹 대 죽 | 竺 두터울 독 | 竿 대줄기 간 | 竽 피리 우 | 笄 비녀 계 | 笈 상자 급 | 笏 홀 홀 | 笑 웃음 소 | 笘 대룽 점 | 笙 피리 생 | 笛 피리 적 |

| 笿 태장 태 | 笧 대레메 일 교 | 笠 삿갓 립 | 筍 대상자 사 | 符 병부 부 | 第 차례 제 | 筴 전동책 | 筎 새장 노 | 笱 통발 구 | 笴 살대 간 | 笳 피리 가 | 筅 대 선 | 筆 붓 필 |

筠	策	答	筒	筑	筐	筏	笳	筍	筌	筋	等	筈
균 대껍질	꾀 책	대답답	대통통	축 물이름	광 광주리	떼 벌	여 대껍질	죽순순	가라전	힘줄근	무리등	괄 살오늬

箔	篦	箏	箍	箋	箇	筵	莢	筯	筮	筬	筧	筥
발 박	빛 체	쟁 거문고	거	일 고 대레메	글 전	낫 개	연 대자리	협 젓가락	저 젓가락	점칠서	바디성	홈통견 거 동근미

箛	箴	箱	箭	藥	管	箠	箚	箝	箙	箘	算	箕
전실호	바늘잠	상자상	화살전	약 대껍질	관 주관할	채찍추	차차차	잠길겸	차차차	전동복	대순균	산 수놓을	키 기

筠	대껍질 균
策	꾀 책
答	대답 답
筒	대통 통
筑	물이름 축
筐	광주리 광
筏	떼 벌
笳	대껍질 여
筍	죽순 순
筌	가라 전
筋	힘줄 근
等	무리 등
筈	살오늬 괄

箔	발 박
篲	빛 체
箏	쟁 거문고 쟁
箍	일고 고
箋	글 전
箇	낫 개
筵	대자리 연
筴	젓가락 협
筯	젓가락 저
筬	점칠 서 바디 성
笅	흠통견
箟	거 동근미

葫	전실호
箴	바늘 잠
箱	상자 상
箭	화살 전
箬	약 대껍질
管	주관할 관
箠	채찍 추
筘	잠길 겸
筡	차차 차
箙	전동 복
箘	대순 균
算	산 수놓을 산
箕	키 기

落 갈귀락　著 젓가락 저　節 마디절　篁 대밭황　範 법범　篆 전자전　篇 책편　箧 상자협　築 쌓을축　篙 상앗대고　籬 대광주리비　箒 배롱구비　篠 가는대조

籙 대상자록　籍 작살착　簇 작은대족　簀 갈대밭책　篾 쪼갠대멸　參 바늘잠삼　篳 대뜸봉　篲 사립문필　篩 체사　篦 비녀비　篤 두터울독　纂 취할찬

簞 소쿠리단　簟 대자리점　簡 가릴간　簣 삼태궤　篁 우산등　黃 생황황　簫 비녀잠　簫 등소소　簷 처마첨　簸 까부를파　簽 편지첩　簾 발렴　簿 문서부

1행

落	著	節	筐	範	篆	篇	篋	築	篙	籭	箕	篠
갈귀락	젓가락 저	마디절	대발황	법범	전자전	책편	상자협	쌓을축	상앗대 고	대광주리비	배롱구	가는대 조

2행

纂	篤	篦	篩	篦	篳	蓬	蔘	篾	簀	簇	箈	篗
취할찬	두터울 독	비녀비	체사	비 세	사립문 필	대뜸봉	바늘잠	쪼갠대 멸	갈대밭 책	작은대 즉	작살착	대상자 록

3행

簞	簟	簡	簣	簦	簧	簫	簷	簸	籤	簾	簿
소쿠리 단	대자리 점	가릴간	삼태궤	우산등	생황황	비녀잠	등소소	처마첨	까부를 파	편지첩	발 렴	문서부

米部

| 藍 큰바구니 람 | 籌 셈대주 | 籍 호적적 | 籐 등 등 | 箍 대전주 | 籔 조리수 | 籜 대껍질 탁 | 籟 피리리 | 籠 채롱롱 | 籤 표 첨 | 籩 대제기 변 | 蘺 울타리 리 |

米部

| 米 쌀 미 | 籹 약과여 | 粃 쭉정이 비 | 粃 나쁜쌀 비 | 粉 가루분 | 粹 정밀할 | 粒 쌀알립 | 粔 약과거 | 粗 성길조 | 粘 끈끈할 점 | 粟 조 속 | 粤 생각월 |

| 粥 죽 죽 | 粧 단장할 장 | 粮 양식량 | 粞 겨 부 | 粱 기장량 | 粲 정한쌀 찬 | 粳 메벼갱 | 粹 순전할 수 | 精 정할정 | 糅 섞일유 | 糉 송편종 | 糊 풀 호 | 糈 싸래기 설 |

籬	邊	籤	籠	籟	擇	藪	箇	籐	籍	籌	藍	米
울타리 리	대제기 변	표 첨	채롱 롱	피리 뢰	대껍질 탁	조리 수	대전주	등 등	호적 적	셈대 주	큰바구 니람	部

粵	粟	粘	粗	粕	粔	粒	粹	粉	粃	柴	籹	米
생각 월	조 속	끈끈할 점	성길 조	지게미 박	약과 거	쌀알 립	정밀할 쇠	가루 분	쭉정이 비	나쁜쌀 비	약과 여	쌀 미

糈	糊	糉	糅	精	粹	粳	粲	粱	籸	粮	粧	粥
싸래 기설	풀 호	송편 종	섞일 유	정할 정	순전할 수	매벼 갱	정한쌀 찬	기장 량	겨 부	양식 량	단장할 장	죽 죽

糸部

糶	糴	糰	糯	糧	糠	糟	糞	麋	糢	糖	精
곡식 팔조	곡식 살적	거칠려	찰벼 나	양식량	겨 강	재강조	똥 분	죽 미	미숫가 루구	엿 당	군량비

納	紋	紊	紉	紈	紆	紅	約	紀	糾	系	糺	糸
드릴 납	문채 문	어지러 울문	바느질 인	흰깁 환	얽힐 우	붉을 홍	언약할 약	법 기	살필 규	이을 계	걸을 규	실 사

索	紡	素	給	紜	紛	級	紙	紗	純	純	紓	紐
찾을 색	길쌈 방	힐 소	옷 고름 금	분운할 운	어지러 울분	차례 급	종이 지	비단 사	꾸밀 비	순전할 순	느릴 서	끈 뉴

糸 部

第一行

糶	糴	糯	糠	糧	糠	糟	糞	糜	糗	糖	糒
곡식팔조	곡식살적	찰벼나	양식량	겨강	재강조	똥분	죽미	미숫가루구	엿당	군량비

第二行

納	紋	紊	紉	紈	紆	紅	約	紀	糾	系	紏	糸
드릴납	문채문	어지러울문	바느질할인	흰깁환	얽힐우	붉을홍	언약할약	법기	살필규	이을계	걸을규	실사

第三行

索	紡	素	衿	紜	紛	級	紙	紗	紕	純	紓	紐
찾을색	길쌈방	흴소	옷고롬금	분운할운	어지러울분	차례급	종이지	비단사	꾸밀비	순전할순	느릴서	끈뉴

絀	紿	紗	紼	紺	紹	紵	紳	細	累	紬	紫	絑
꿰여맬 출	속일태	비틀진	진실불 흐트러	보랏빛 감	이을수	모시저	큰띠신	가늘세	포갤루	명주주	붉을자	질 꿰여맬

繚	絖	絕	絓	結	緤	絢	絇	絆	絅	組	絃	終
역실도	고은솜 광	끊을절	꺼리낄 괘	맺을결	맬설	바느질 할행	신코꾸 밀구	얽을반	급히당 길경	인끈조	줄현	마칠종

絲	統	経	絮	絪	絨	給	絣	絢	絡	絞	絝	絜
실사	거느릴 통	요질질	헌솜서	원기인	세포융	줄급	길병 먹줄티	문채현	연락할 낙	목매죽 일교	바지고	맑을결

絀	紿	紗	紼	紺	紹	紵	紳	細	累	紬	紫	袟
출 꿰여맬	속일태	비틀진	진실불 흐트러	감 보랏빛	이을수	모시저	큰띠신	가늘세	포갤루	명주주	붉을자	질 꿰여맬

絛	絖	絶	絓	結	線	絎	約	絆	絅	組	絃	終
역실도	광 고은솜	끊을절	괘 꺼리낄	맺을결	맬설	할행 바느질	밀구 신코꾸	얽을반	길경 급히당	인끈조	줄현	마칠종

絲	統	経	絮	絪	絨	給	絣	絢	絡	絞	絝	絜
실사	통 거느릴	요질질	현솜서	원기인	세포융	줄급	길병 먹줄티	문채현	낙 연락할	일교 목매죽	바지고	맑을결

綢	綠	綜	經	綏	繡	綈	綆	綃	紹	絺	絹	絳
읽을주	초록빛록	잉아종	지낼경	편안할수	비단조각수	두터운비단제	두레박줄경	생초초	꿰맬려	가는갈포치	비단견	깊게붉을강

綻	綺	綸	綵	綴	網	綱	綰	縚	縻	維	綬	縶
옷솔기터질탄	비단기	인끈륜	채색채	맺을철	그물망	벼리강	맬관	새끼꼴도	비단게	오직유	인끈수	반베기

緞	緝	線	縅	緗	緒	緌	緊	練	緇	綿	綾
신뒤하	베짤즙	줄선	봉할함	옅게누를상	실끝서	갓끈유	긴할긴	신한켤레량	검은빛치	솜면	비단능

綢	緑	綜	經	綏	綉	綿	緶	綃	紹	絺	絹	絳
읽을주	초록빛록	잉아종	지낼경	편안할수	비단조각수	두터운비단제	두레박줄경	생초초	꿰맬려	가는갈치포	비단견	깊게붉을강

綻	綺	綸	綵	綴	網	綱	綰	綯	縻	維	綬	綦
옷솔기터질탄	비단기	인끈륜	채색채	맺을철	그물망	벼리강	맬관	새끼꼴도	비단계	오직유	인끈수	반배기

緞	緝	線	縅	紺	緖	緌	緋	緊	緉	緇	綿	綾
신뒤하	베짤즙	줄선	봉할함	옅게누를상	실끝서	갓끈유	붉은빛비	긴할긴	신한켤레량	검은빛치	솜면	비단능

締 (맺을 체) 외

縒	어지러울 착
縑	갑견 겸
綯	줄에매달 추
縊	목맬 의
縈	얽힐 영
緻	빡빡할 치
練	겪을 련
緲	아득할 묘
緯	씨 위
緩	더딜 완
編	얽을 편
緣	인연 연
締	맺을 체

縶	얽을 집
縵	늘어질 만
縹	검은줄 루
縱	놓을 종
縮	쭈그러질 축
縫	꿰맬 봉
縣	고을 현
縢	봉할 등
縡	일 재
縠	저사 곡
縟	꾸밀 욕
縞	흰깁 오
縛	얽을 박

繙	번역할 번
繒	비단 증
繈	돈이 강
繇	역사 요
繆	그르칠 류
繃	묶을 붕
繁	번성할 번
績	길쌈 적
總	다 총
麋	맬 미
縹	옥색빛 표
縷	옷해어질 루

絓 어지러울 착	繝 갑견 겸	縋 줄에매달 추	縊 목맬 의	縈 얽힐 영	緻 빽빽할 치	練 겪을 련	緲 아득할 묘	緯 씨 위	緩 더딜 완	編 얽을 편	緣 인연 연	締 맺을 체
繫 얽을집	縵 늘어질 만	縲 검은줄 루	縱 놓을 종	縮 쭈그러질 축	縫 꿰맬 봉	縣 고을 현	縢 봉할 등	縡 일 재	縠 저사 곡	縟 꾸밀 욕	縞 흰깁 오	縛 얽을 박
繙 번역할 번	繒 비단 증	繩 든이 강	繇 역사 요	繆 그르칠 류	繃 묶을 붕	繁 번성할 번	縿 기폭 삼	績 길쌈 적	總 다 총	麽 맬 미	縹 옥색빛 표	縷 옷해어질 루

繞 · 繡 · 績 · 織 · 繕 · 繖 · 繚 · 繩 · 繪 · 繫 · 繭 · 繘 · 繰 · 繳

繳	繰	繭	繫	繪	繩	繚	繖	繕	織	績	繡	繞
얽을 교	조	고치 견	맬 계	그림 회	노 승	둘릴 료	일산 산	고칠 선	짤 직	수놓을 희	수놓을 수	얽힐 요

(위 고칠 결 포함: 繰 조 / 繭 고치견)

纑	纏	續	纈	纇	纂	纁	繾	繽	繼	繻	辮	繹
베울 로	얽을 전	이을 속	맺을 힐	실매듭 뢰	모을 찬	분홍빛 훈	이별안을 견	번성할 빈	이을 계	비단 수	땋을 변	실끝뽑을 역

缿	缾	缺	缸	缶		纜	纛	纚	纘	纖	纔	纓
항통 항	병 병	일그러질 결	병 항	장군 부	缶部	닻줄 람	둑 독	치포건 사	이을 찬	가늘 섬	겨우 재	갓끈 영

繳	繰	繭	繫	繪	繩	繰	織	緒	織	績	繡	繞
얽을교	고칠조	고치견	맬계	그림회	노승	둘릴토	일산산	고칠선	짤직	수놓을수	수놓을수	얽힐요

纑	纏	續	纈	類	纂	纁	繾	繽	繼	繻	辮	繹
베올로	얽을전	이을속	맺을힐	실매듭리	모을찬	분홍빛훈	이별안을견	변성할빈	이을계	비단수	땋을변	실끝뽑을역

鈷	鉼	缺	缸	缶		纜	纛	纚	纘	纖	纓	纓
항통항	병병	일그러질결	병항	장군부	缶部	닻줄람	둑독	치포건사	이을찬	가늘섬	겨우재	갓끈영

罃 목긴병 잉
罄 그릇빌 경
磚 터질하 하
磚 술잔준 준
罌 병앵 앵
罍 술잔뢰 뢰
罎 항아리 담
罐 물깃는그릇관 관

网 部 四同

网 그물망
罔 없을망
罦 드물한
罘 토끼그물부

罝 짐승그물 저
置 물저
罠 낚시민
罫 꺼리낄 괘
罩 덮을엄
罨 가리조
罪 허물죄
罪 정간획
罭 물고기그물역
罰 벌줄벌
置 둘 치
署 마을서
罵 욕설할마

罷 파할파
罹 걸릴리
罽 고기그물계
羅 버릴라
羆 곰비
羈 나그네기
羈 말굴네기

羊 部

羊 양 양
羌 오랑캐강
美 아름다울미
羔 양새끼고
羚 큰양령

罃	罄	罅	罇	罌	罍	罎	罐	网部 四同
목긴병 잉	그릇빌 경	터질하 하	술잔준	병 앵	술잔뢰	항아리 담	물긷는 그릇관	

网	罔	罦	罘
그물망	없을망	드물한	토끼그물 부

置	罟	罠	罣	罨	罩	罪	罬	置	罰	署	罵
둘 치	그물고	낚시민	꿰리끌 괘	덮을엄	가리조	허물죄	정간화	물고기그물역	벌줄벌	마을서	욕설할 마

罷	罹	羂	羅	羆	羈
파할파	걸리리	고기그물계	버릴라	곰 비	말굴네기 / 나그네기

羊部	羊	羌	美	羔	羚
	양 양	오랑캐강	아름다울미	양새끼고	큰양령

羜	수양 저
羞	울 수
羞	부끄러울 수
羣	무리 군
羨	부러워할 선
義	옳을 의
羭	검은숫양 유
羯	불친양 갈
羲	복희씨 희
羶	양냄새 전
羸	파리할 리
羹	국 갱
羽	깃 우
翁	늙은이 옹
翅	날개 시
翊	도울 익
翌	내일 익
翎	새깃 령
習	익힐 습
翔	날개 상
翕	함할 흡
傓	깃소리 쇼
翟	꿩 적
翠	푸른색 취
翡	총새 비
者羽	날아솟을 저
翦	갈길 전
扁羽	나는모양 편
翫	즐길 완
翮	쭉지 핵
翰	날개 한
翳	어조사 예
翱	노닐 고
翹	들 교
翻	날 번
翼	날개 익
翮	나는소리 해
翿	깃일산 도
壽羽	깃일산 도
耀	빛날 요

羽		羹	羸	羶	羲	羯	羭	義	羡	羣	羞	羝
깃 우	羽部	국 갱	파리할 리	양냄새 전	복희씨 희	불친양 갈	검은숫 양 유	옳을 의	부러워 할 선	무리군	부끄러 울 수	수양 저

翥	翡	翠	翟	脩	翕	翔	習	翎	翌	翊	翅	翁
날아솟 을 저	총새비	푸른색 취	꿩 적	깃소리 쇼	함할흡	날개상	익힐습	새깃령	내일익	도울익	날개시	늙은이 옹

耀	翿	翩	翼	翻	翹	翺	翳	翰	翮	翫	扁	翦
빛날 요	깃일산 도	나는소 리해	날개익	날 번	들 교	노닐고	어조사 예	날개한	죽지핵	즐길완	나는모 양편	갈길전

老部

老	늙을 로
考	상고할 고
耄	노혼할 모
者	놈 자
耆	늙은이 기
耈	늙을 구
耋	늙은이 질

而部

而	말이을 이
耎	연약할 연
耐	견딜 내
耑	끝 단

耒部

耒	따비 뢰
耔	김맬 자
耕	밭갈 경
耗	감할 모
耘	김맬 운
耜	보습 사
耝	호미 서
耦	쟁기 우
耨	김맬 누
耰	공방메 우

耳部

耳	귀 이
耶	어조사 야
耽	즐겨할 탐
耿	빛날 경
聆	드를 령
聊	힘입을 료
聒	요란할 괄
聖	성인 성
聘	청할 빙
聚	모을 취
聞	들을 문
聯	함할 련
聰	귀밝을 총
聱	못알아듣지 오

老 部

老	考	耄	者	耆	耉	耋
늙을 로	상고할 고	노혼할 모	놈 자	늙은이 기	늙을 구	늙은이 질

而 部

而	耎	耐	耑
말이을 이	연약할 연	견딜 내	끝 단

耒 部

耒	耔	耕	耗	耘	耡	耝	耦	耩	耰
따비 뢰	김맬 자	밭갈 경	감할 모	김맬 운	보습 사	호미 서	쟁기 우	김맬 누	공방메 우

耳 部

耳	耶	耽	耿	聆	聊	聒	聖	聘	聚	聞	聯	聰	聱
귀 이	어조사 야	즐겨할 탐	빛날 경	드를 령	힘입을 료	요란할 괄	성인 성	청할 빙	모을 취	들을 문	함할 련	귀밝을 총	못할 오

聿部 · 肉部

聲	聳	聵	聶	職	聽	聾
소리성	귀먹어리용	천생귀머거리외	귀에말섭	직분직	들을청	귀머거리롱

肇	肆	肅	肄	聿
처음조	베풀사	엄숙할숙	익힐이	마침내률

聿部

肉部 （月 同）

肥	肢	股	肝	肛	肚	肘	肖	肓	肌	肋	肉
살찔비	팔다리지	다리고	간간	밑구멍항	발통두	팔금치주	적을초	가슴끝황	살기	갈비대륵	고기육

背	胄	胃	肺	肹	肴	育	肱	肯	肭	肬	肪	肩
등배	맏아들주	위위	허파폐	큰모양힐	안주효	기름육	팔굉	즐길긍	물개눌	혹우	기름방	어깨견

聿部

聿	마침내 률
肄	익힐 이
肅	엄숙할 숙
肆	베풀 사
肇	처음 조

聲

聲	소리 성
聳	귀용 리용 / 귀머거리
聵	천생귀머거리 외
聶	귀에말 섬
職	직분 직
聽	들을 청
聾	리롱 귀머거리

肉部 (月同)

肉	고기 육
肋	갈비대 륵
肌	살 기
肓	가슴끝 황
肖	적을 초
肘	팔금치 주
肚	발통 두
肛	밑구멍 항
肝	간 간
股	다리 고
肢	팔다리 지
肥	살찔 비

肩	어깨 견
肪	기름방
肬	혹 우
肕	물개늘
肱	팔굉
肯	즐길 긍
育	기를 육
肴	안주 효
胐	큰모양 힐
肺	허파 폐
胃	위 위
胄	맏아들 주
背	등 배

書體字典 - 篆書 字典

胯	胭	胥	胤	胡	胠	胞	胝	胛	胚	胙	胖	胎
니과 사타구	목구멍 연	서로 서	이을 윤	어찌 호	열 거	태껍질 포	못박일 지	어깨사이 갑	한달된 태배	갚을 조	클 반	태 태

胜	脛	脚	脊	脈	脆	脅	脂	能	肺	胸	胴	胱
좀스러울 좌	종아리 경	다리 각	등마루 척	핏줄 맥	연할 취	위협할 혐	기름 지	능할 능	익힐이	가슴 흉	큰창자 동	오줌통 광

腎	腋	腊	腆	胼	脾	脹	脰	脯	脬	脱	脩	脣
콩팥 신	겨드랑 액	포 석	두터울 전	구덩살 변	비위 비	배부를 창	목 두	포 포	오줌통 포	벗을 탈	닦을 수	입술 순

胯	胭	胥	胤	胡	胠	胞	胝	胛	胚	胙	胖	胎
사타구니과	목구멍연	서로서	이을윤	어찌호	열거	태껍질포	못박일지	어깨사이갑	한달된태배	갚을조	클반	태태

胜	胫	脚	脊	脈	脆	脅	脂	能	肺	胸	胴	胱
좀스러울좌	종아리경	다리각	등마루척	핏줄맥	연할취	위협할혐	기름지	능할능	익힐이	가슴흉	큰창자동	오줌통광

腎	腋	腊	腆	胼	脾	脹	脛	脯	脬	脫	脩	脣
콩팥신	겨드랑액	포석	두터울전	구덩살변	비위비	배부를창	목두	포포	오줌통포	벗을탈	닦을수	입술순

腴	腱	腰	膌	腫	腦	腥	腟	腕	腔	腓	腑	腐
살찔유	힘줄밑둥건	허리요	회생살질둔	종기종	머릿골뇌	비린내날성	새살날질	팔완	속빌강	장단지비	육부부	썩을부

膚	膏	膊	膈	腿	膄	膃	膂	膀	腿	腹	腸	膈
살부	기름고	어깨박	흉격격	발부을추	파리할수	물개올	힘려	오줌통방	정강이퇴	배복	창자장	뜻막힐픽

臀	膿	膾	膽	曆	膴	膳	膰	膩	膨	膠	膝	膜
볼기둔	고름농	회회	쓸개담	가슴응	클무	반찬선	제지낸고기번	살찔니	배부를팽	아교교	무릎슬	홀떠기막

腴	腱	腰	脂	腫	腦	腥	腔	腕	腔	腓	腐	腐
살찔유	힘줄밀 둥건	허리요	희생살 질둔	종기종	뇌 머릿골	비린내 날성	질 새살날	팔 완	속빌강	장단지 비	육부부	썩을부

膚	膏	膊	膈	腿	螟	腽	膂	膀	腿	腹	腸	膈
살 부	기름고	어깨박	흉격격	발부을 추	파리할 수	물개올	힘 려	오줌통 방	정강이 퇴	배 복	창자장	뜻막힐 픽

臀	膿	膾	膽	膺	膴	膳	膰	膩	膨	膠	膝	膜
볼기둔	고름농	회회	쓸개담	가슴응	클무	반찬선	제지낸 고기번	살찔니	배부를 팽	무릎슬 아교교	무릎슬	막 홑떼기

臠 고기점련	臟 오장장	臝 벗을라	臚 배앞려	臙 목구멍연	臘 납향제랍	臍 배꼽제	臊 기름내조	臉 뺨검	臆 가슴억	臃 종기옹	臂 팔비
臣部											

臺 대대	致 이를치	至 이를지	至部	臲 위태할얼	臭 냄새취	臬 관혁얼	自 자 스스로	自部	臨 임할림	藏 착할장	臥 누울와	臣 신하신

舊 예구	興 일어날흥	與 더불여	舅 시아비구	舄 신석	舂 절구질용	舁 마주들여	舀 가래잡	臾 잠깐유	臼 절구구	臼部	臻 이를진
舌部											

臠	臟	贏	臚	臙	臘	臍	臊	臉	臆	臃	臂
련 고기점	오장장	벗을라	배앞려	목구멍연	납향제랍	배꼽제	기름내조	뺨검	가슴억	종기옹	팔비

臣部

臺	致	至		臲	臭	臬	自		臨	臧	卧	臣
대대	이를치	이를지	至部	위태할얼	냄새취	관혁얼	스스로자	自部	임할림	착할장	누울와	신하신

舊	興	與	舅	舄	舂	舁	舀	臾	臼		臻
예구	일어날흥	더불여	시아비구	신석	절구질할용	마주들여	가래잡	잠깐유	절구구	臼部	이를진

舌部

舟部 · 艮部 · 色部 · 艸部

第1行

舫	航	舡	舟		舞	舜	舛	舒	舐	舍	舌
뱃사공 방	배 항	배모양 항	배 주	舟部	춤출무	순임금 순	어그러질천	펼 서	핥을지	집 사	혀 설

第2行 (舛部)

艦	艤	艟	艙	艘	艇	艀	船	舸	舷	舶	舴	般
전선함	배댈의	전선동	선창창	배 소	작은배 정	종선부	배 선	큰배가	뱃전현	큰배백	적은배 책	돌아올 반

第3行

艾	芄		艷	艶	色		艱	良	艮		艫	艨
쑥 애	망초교	艸部 艹同	아름다울 염	불성낸빛	빛 색	色部	어려울 간	어질량	그칠간	艮部	뱃머리 로	전선몽

舌 혀 설	舍 집 사	舐 핥을 지	舒 펼 서		舛部 어그러질 천	舛 어그러질 천	舜 순임금 순	舞 춤출 무		舟部 배 주	舡 배모양 항	航 배 항	舫 뱃사공 방

般 돌아울 반	舴 적은배 책	舶 큰배 백	舷 뱃전 현	舸 큰배 가	船 배 선	艀 중선 부	艇 작은배 정	艘 배 소	艙 선창 창	艟 전선등 종	艤 배등대 할 의	艦 전선함

艨 전선몽	艫 뱃머리 로		艮部	艮 그칠 간	良 어질 량	艱 어려울 간	色部 빛 색	艴 불 성낸빛	艷 아름다울 울염	艸部 …同	芃 망초 교	艾 쑥 애

芦	芥	芡	芟	芝	芘	芙	芚	芒	芍	芋	芊	芃
지황호	겨자개	마름검	풀벨삼	지초지	나물둔	연꽃부	가리울부	가시랭이망	함박꽃작	토란우	풀성할천	풍성할봉

蒭	芹	芸	芷	芴	芳	花	芰	芯	芭	芬	芩	芧
꼴추	미나리근	향풀운	구리때지	획획할물	향기방	꽃화	쇠뿔마름기	등심풀심	파초파	향기분	황금금	가락나서·무서

若	苟	苞	首	苛	苗	茗	苔	苓	苒	芼	芽
같을약	진실로구	딸기포	거여목	작은풀가	싹묘	풀이름초	이끼태	복령령	풀성할염	나물모	싹아

芃 풍성할봉	芊 풀성할천	芋 토란우	芍 함박꽃작	芒 가시랭이망	芘 가리울부	芙 연꽃부	芼 나물든	芝 지초지	莛 풀벨삼	茨 마름검	芥 겨자개	芦 지황호

芧 가락나 무서	芩 황금금	芬 향기분	芭 등심풀 파초파	芯 심 쇠뿔마름기	茇 꽃름기	花 꽃화	芳 향기방	芴 빽빽할물	芷 구리때지	芸 미나리향풀운	芹 미나리근	芻 꼴추

芽 싹아	芼 나물모	苑 나라동산원	苒 풀성할염	苓 복령령	苔 이끼태풀이름초	茗	苛 거여목가	首 거여목목	苞 딸기포	苟 진실로구	若 같을약

茂	苗	茀	苾	茮	符	莓	苹	苴	英	苦	芋	苦
풀성할 무	풀싹줄	풀성할 불	향기로 울 필	교미고	풀이름 부	뱀딸기 매	다북쑥 평	포저져	꽃부리 영	거적자 리점	모시저	쓸 고

茭	茨	莉	茜	莨	茘	茗	茉	茈	茇	茅	茄	范
마른꼴 교	집이을 자	부정쓰 는비렬	꼭두서 니 천	바곳이 싹 간	여지례	차싹명	사과꽃 말	재앙자	풀뿌리 발	띠 모	가지가	벌 범

荊	荅	荃	茼	茹	茸	茸	茶	茵	茳	茲	茱	茫
가시형	좀콩답	향풀전	쑥갓동	띠부리 여	풀날용	풀잎무 성할패	차 다	풀돗자 리 인	향풀강	돗자리 자	자유수 수	아득할 망

茂	茁	芾	苾	苽	符	莓	苹	苴	英	苫	苧	苦
풀성할 무	풀싹 줄	풀성할 불	향기로울 필	교미 고	풀이름 부	뱀딸기 매	다북쑥 평	포저 져	꽃부리 영	거적자리 점	모시 저	쓸 고

茭	茨	荊	茜	莨	荔	茗	茉	茈	茇	芧	茄	范
마른꼴 교	집이을 자	부정쓰는비렬	꼭두서니 천	바곳이싹 간	여지 례	차싹명	사과꽃 말	재앙 자	풀뿌리 발	띠 모	가지 가	벌 범

荊	荅	荃	萄	茹	茸	茷	茶	茵	茳	茲	茱	茫
가시 형	좀콩 답	향풀 전	쑥갓 동	따부리 여	풀날 용	풀잎무성할 패	차 다	돗자리 인	향풀 강	돗자리 자	수유 수	아득할 망

莊	莉	莅	蒁	滌	荷	荳	荒	莫	荐	荏	草	荇
장 씩씩할	리 사과꽃	리 다다를	도 쏨바귀	적 갈대	하 짐	두 콩	황 거칠	황 베일이	천 자리	임 들깨	초 풀	행 마름풀

莧	莢	莠	荅	莞	莝	莛	莚	莘	莖	莓	莒	莎
한 패모	협 콩껍질	유 가라지	협 꽃필함	관 왕골	좌 여물	정 풀줄기	연 만연할	신 긴	경 줄기	매 이끼	거 풀이름	사 향부자

菖	菔	菓	菑	菌	菊	菅	菁	菀	莽	莫	莪	莨
창 창포	복 무	과 실과	치 한해된밭	균 버섯균	국 국화국	궁 궁궁이	정 무우	원 무성한나무	무 추솔할	막 말	아 다북쑥	랑 담배

莊 장 씩씩할	莉 리 사과꽃	莅 리 다다를	漆 도 씀바귀	荻 적 갈대	荷 하 짐	荳 두 콩	荒 황 거칠	莪 베일이	荐 천 자리	荏 임 들깨	草 초 풀	荇 행 마름풀

莧 패모한	筴 협 콩껍질	莠 유 가라지	苔 꽃필할	莞 왕골관	莝 여물좌	莛 정 풀줄기	莚 연 만연할	莘 신 긴	莖 경 줄기	莓 매 이끼	苣 거 풀이름	莎 사 향부자

菖 창 창포	菔 복 무	菓 과 실과	菑 치 한해된밭	菌 균 버섯	菊 국 국화	营 궁 궁궁이	菁 정 무우	茂 나무원 무성한	莽 무 추솔할	莫 막 말	莪 아 다북쑥	莨 랑 담배

萃 모을취	萁 콩대기	菽 콩 숙	菹 김치저	菲 풍성할 비	菱 마름릉	華 빛날화	菫 쓴나물 근	菩 보살보	菠 시금치 파	芼 새삼토	菜 나물채	萩 배추숭
落 떨어질 락	萼 꽃받침 악	萱 원추리 훤	萬 일만만	萩 다북쑥 추	萎 시들위	萍 개구리밥 평	萌 싹 맹	薑 풍성할 처	萊 쑥 래	萇 보리수 장	萆 며래비	萄 포도도
蔥 파 총	葭 갈 가	葬 장사지낼 장	葫 큰마늘 호	萉 꽃송이 파	葦 갈대위	董 바를동	葡 포도도	薦 칡 갈	著 지을저	葎 한삼률	葉 잎사귀 엽	葆 감출보

菘	菜	莬	菠	菩	菫	華	菱	菲	菹	菽	萁	萃
배추숭	나물채	새삼토	시금치 파	보살보	쓴나물 근	빛날화	마름릉	비 풍성할	김치저	콩 숙	콩대기	모을취

葡	草	萇	萊	姜	萌	萍	萎	萩	萬	萱	萼	落
포도도	며래비	보리수 장	쑥 래	처 풍성할	싹 맹	밥 개구리 평	시들위	다북쑥 추	일만만	원추리 훤	꽃받침 악	락 떨어질

葆	葉	葎	著	萬	葡	董	葦	葩	葫	葬	葭	蔥
감출보	잎사귀 엽	한삼률	지을저	취 갈	포도포	바를동	갈대위	꽃송이 파	큰마늘 호	장사지낼 장	갈 가	파 총

蒲	蒩	蒨	蒻	蒟	蒜	蒙	蒔	蒐	葺	蘘	葷	葵
부들 포	띠자리 조	풀성할 천	우영 방	구장무 구	마늘 산	입을 몽	씨뿌릴 시	모을 수	집이을 즙	양하 사	부초 훈	해바라기 규

蓍	蓋	蓊	蓉	蓆	蓄	蓁	蒿	蒼	蒻	蒹	蒸
시초 시	덮을 개	초목성할 옹	연꽃 용	클 석	쌓을 축	약이름 진	다북쑥 호	푸를 창	부들풀 약	갈 겸	찔 증

蔓	蔑	蔀	蓽	蓼	蓼	蓮	蓬	遂	篠	蓑	蓐	蓏
덩굴만	업신여길 멸	부 수	약이름 필	여귀료	수채순	연꽃련	봉	소루장이 축	대삼태 조	도롱이 사	자리욕	열매라

葵 해바라기 규	葷 부초 훈	葺 집이을 즙	蒐 모을 수	蒔 씨뿌릴 시	蒔 시	蒙 입을 몽	蒜 마늘 산	蒟 구장무 구	蒡 우엉 방	蕆 풀성할 천	菹 따자리 조	蒲 부들 포

蒸 찔 증	蒹 갈 겸	蒻 부들풀 약	蒼 푸를 창	蒿 다북쑥 호	蓁 약이름 진	蓂 책력풀 명	蓄 쌓을 축	蓆 클 석	蓉 연꽃 용	蓊 초목성할 옹	蓋 덮을 개	蓍 시초 시

蓏 열매 라	蓐 자리 욕	蓑 도롱이 사	蓧 대삼태 조	蓫 소루장이 축	蓬 다북쑥 봉	蓮 연꽃 련	蓴 수채순	蓼 여귀 료	蓽 약이름 필	蔀 부 수	蔑 업신여길 멸	蔓 덩굴만

書體字典 — 篆書 字典 (seal-script character chart)

첫째 단 (오른쪽 → 왼쪽)

蔕	蔗	蔚	蔟	蔡	蔣	蔦	蕙	蔪	疏	蔭	薇	蕃
꼭지체	사탕수수자	익모초위	모을족	법채	수초이름장	겨우살이조	풀이름혜	보리팰점	풋나물소	그늘음	가리울페	번성할번

둘째 단 (오른쪽 → 왼쪽)

蕉	蕊	蕎	蕑	蕓	蕖	蕗	蕘	蕙	嶵	爇	蕡
파초초	꽃술예	모밀교	난초간	평지운	연꽃거	감초로	풀벨요	혜초혜	점은모양최	불을녀	삼씨분

셋째 단 (오른쪽 → 왼쪽)

蕢	蕣	蕤	蕨	蕩	蕪	蕭	蕷	蕾	蘊	薁	薄	薇
등구미궤	무궁화순	성한모양유	고사리궐	방탕할탕	거칠무	쑥소	마여	꽃맺힐뢰	쌓을온	머루욱	엷을박	고비미

蕃	蔽	蔭	疏	斬	蕙	蔦	蔣	蔡	蔟	蔚	蔗	蒂
번성할 번	가리울 페	그늘 음	풋나물 소	보리팰 점	풀이름 혜	겨우살이 조	줄 장	법 채	모을 족	익모초 위	사탕수수 자	꼭지 체

賁	藜	巖	絶	蕙	露	蓮	蕓	藺	蕎	蕊	蕉
삼씨 빈	붉을 려	적은양 최	띠뮤어표할 체	혜초 혜	감초 로	연꽃 거	평지 운	난초 간	모밀 교	꽃술 예	파초 초

薇	薄	蕆	蘊	蕾	蕷	蕭	蕪	蕩	蕨	蕤	蕣	蕢
고비 미	엷을 박	머로 욱	쌓을 온	꽃맺힐 뢰	마 여	쑥 소	거칠 무	방탕할 탕	고사리 궐	성한모양 유	무궁화 순	동구미 궤

薯	薩	薪	薦	薧	薤	薜	薛	薙	薔	薑	薊	薈
감자서	보살살	섶나무신	천거할천	상사날흉	부추해	닥장이폐	설나라설	풀깎을치	물엿귀색	생강강	삽주계	염교회

蘑	藥	藤	藝	藜	藐	藏	蓋	藍	藉	薺	薹	薰
새박마	약약	등나무등	재주예	명아주려	멀묘	감출장	누른풀신	쪽람	빙자할자	냉이제	장다리대	향풀훈

蘊	蘇	蘆	蘅	蘀	藿	籟	藻	蘭	藷	藪	藩
쌓을온	차조기소	갈로	향풀형	쇠기나풀택	미역곽	다북쑥뢰	마름조	왕굴린	감자저	수풀수	울타리번

薯	감자 서
薩	보살 살
薪	섶나무 신
薦	천거할 천
薨	상사날 훙
薤	부추 해
薜	닥장이 폐
薛	설나라 설
薙	풀깎을 치
薔	물여뀌·장미 색
薑	생강 강
薊	삽주 계
薈	염교 회

蘑	새박 마
藥	약 약
藤	등나무 등
藝	재주 예
藜	명아주 려
藐	멀 묘
藏	감출 장
藎	누른풀 신
藍	쪽 람
藉	빙자할 자
薺	냉이 제
薹	장다리 대
薰	향풀 훈

蘊	쌓을 온
蘇	차조기 소
蘆	갈 로
蘅	향풀 형
蘀	풀 택
雚	쇠기나미역 괄
藾	다북쑥 뢰
藻	마름 조
藺	왕굴 린
藹	초목무성할 애
藷	감자 저
藪	수풀 수
藩	울타리 번

艸部 (계속)

| 蘋 개구리밥 빈 | 蘢 요화룡 | 蘖 풀성할 예 | 虉 구루터 기얼 | 蘚 이끼선 | 薟 가회톱 렴 | 蘧 석죽화 거 | 蘩 애탕쑥 번 | 蘭 난초란 | 蘺 향풀리 | 蘿 솔겨우살이라 | 虆 덩굴류 |

虍 部

| 虎 범 호 | 虐 모질학 | 虓 범성낸소리효 | 虔 공손할건 | 處 곳 처 | 虒 탄식할 호 | 虖 빌 허 | 虜 사로잡을로 | 虞 근심할우 | 號 이름호 | 虧 이즈러질휴 | 虫 벌레충 |

虫 部

| 蚪 뿔있는용규 | 虷 범할간 | 虹 무지개홍 | 虺 구렁이훼 | 蚊 모기문 | 蚌 방합조개방 | 蚍 왕개미비 | 蚑 발긴거미기 | 蚓 지렁이인 | 蚕 누에잠 | 蚜 작은벌레아 | 蚣 지네공 | 蚤 벼룩조 |

虍部

藁	蘿	蘺	蘭	蘩	蓬	薇	蘚	蘓	籠	蘋
덩굴류	솔겨우살이라	향풀리	난초란	애탕쑥 번	석죽화 거	가회톱 렴	이끼선	풀성할 예	요화롱	개구리밥 빈

虫部

虫	虧	號	虞	虜	虛	虖	處	虔	虓	虐	虎
벌레충	이즈러질 휴	이름호	근심할 우	사로잡을 로	빌 허	탄식할 호	곳 처	공손할 건	범성낸 소리할 효	모질학	범 호

虫部

蚤	蚣	蚜	蚕	蚓	蚑	蚍	蚌	蚊	虵	虹	虷	蚪
벼룩조	지네공	작은벌레아	누에잠	지렁이 인	발긴거미 기	왕개미 비	방합조개 방	모기문	구렁이 훼	무지개 홍	범할간	뿔있는 용 규

蛉	蛇	蛆	蛅	蛄	蚷	蚶	蚵	蚰	蚯	蚫	蚪	蚩
잠자리 령	뱀 사	지네 저	쐐기 염	도르래 고	노래기 거	강요주 감	도마뱀 가	지차리 유	지렁이 구	벌레 포	올챙이 두	어리석을 치

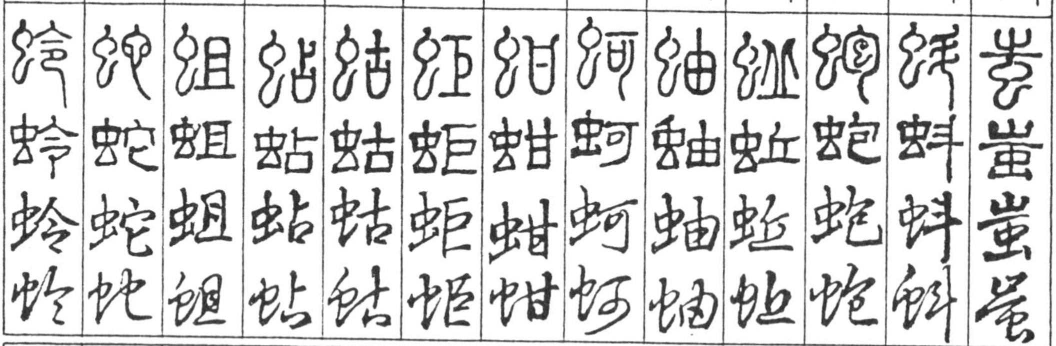

蛸	蛭	蛬	蛩	蛞	蛤	蛣	蛟	蛛	蛙	蛔	蛑	蛋
납거미 소	거머리 질	귀뚜라미 공	메뚜기 공	암달팽이 활	조개 합	말똥구리 길	교룡 교	거미 주	개구리 와	회충 회	큰게 모	새알 단

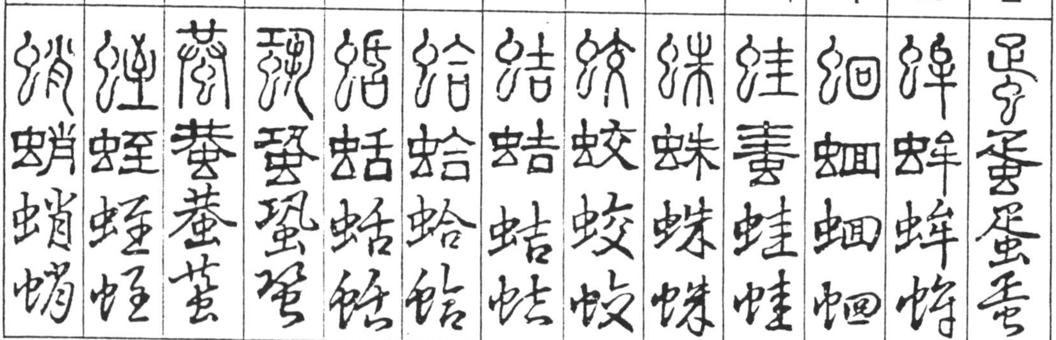

蜎	蜋	蜊	蜉	蜈	蜆	蜃	蜂	蜀	蛾	蛻	蛺	蛹
벌레움직일 연	말똥구리 랑	참조개 리	하루살이 부	지네 오	가막조개 현	대합 신	벌 봉	배추벌레 촉	누에나비 아	허물벗을 세	나비 협	번데기 용

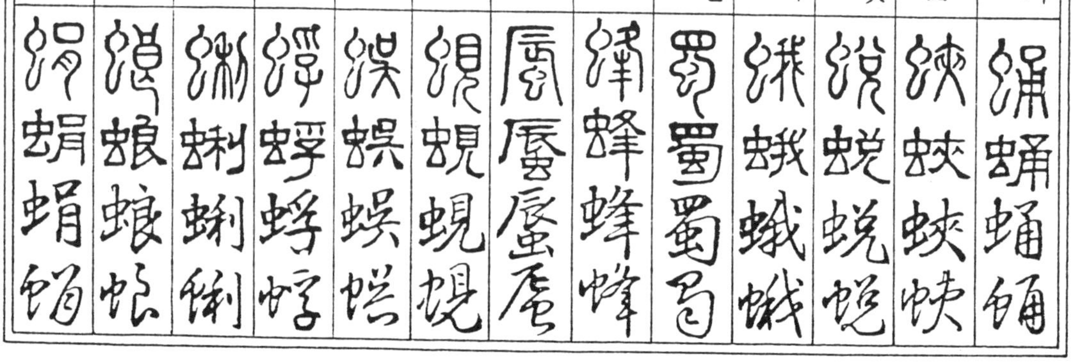

蛉	蛇	蛆	蛄	蛣	蚷	蚶	蚵	蚰	蚯	蚫	蚪	蚩
령 잠자리	뱀 사	지네저	쐐기열	고 도르래	거 노래기	감 강요주	가 도마뱀	유 지차리	구 지렁이	벌레포	두 올챙이	어리석을 치

蛸	蛭	蝥	蛩	蛞	蛤	蛄	蛟	蛛	蛙	蛔	蜉	蛋
소 거미	질 거머리	미 귀뚜라미 공	공 메뚜기	이 활달팽이	조개합	리 말뚱구 길	교 교룡교	주 거미주	와 개구리	회충회	모 큰게모	새알단

蛸	蜋	蝲	蜉	蜈	蜆	蜃	蜂	蜀	蛾	蜕	蛺	蛹
직일연 벌레움	리 말뚱구랑	리 참조개	하루살이부	오 지네	개현 가막조개	신 대함	봉 벌	촉 배추벌레	아 누에나비	세 올벗 허물	협 나비협	용 번데기

蜻 청 잠자리 · 蜺 예 암무지개(개) · 蜷 권 움츠러질(질) · 蜴 역 도마뱀 · 蝐 역 단호역(단) · 蜩 조 매미 · 蜥 석 도마뱀 · 蜜 밀 꿀 · 蜚 비 바퀴 · 蜘 지 거미 · 蜻 정 잠자리 · 蜒 연 그리마 · 蚕 단 오랑캐

蝟 위 고슴도치 · 蝠 복 박쥐 · 蝙 편 박쥐 · 蝘 언 도마뱀 · 蝗 황 황충 · 蝕 식 좀먹을 · 蝓 유 집없는달팽이 · 螂 즉 지네 · 蝡 천 직일벌레움 · 蝌 과 올챙이 · 蜿 완 꿈틀거릴 · 螺 과 나나니 · 蝄 량 도깨비

融 융 화할 · 螂 랑 버마재비 · 蝸 와 달팽이 · 蝶 접 나비 · 蝴 호 나비 · 蟲 망 등애 · 蝮 복 독사 · 蟊 이 이슬 · 蝦 하 두꺼비 · 螫 모 가라 · 蝤 추 나무벌레 · 蝣 유 하루살이 · 蝡 윤 꿈틀거릴

蜻	蜺	蜷	蜴	蛔	蜩	蜥	蜜	蜚	蜘	蜓	蜒	蜑
청 잠자리	개 암무지개	권 질움츠려	역 도마뱀	단 호역	조 매미	석 도마뱀	밀 꿀	비 바퀴	지 거미	정 잠자리	연 그리마	단 오랑캐

蝐	蝠	蝙	蝘	蝗	蝕	蝓	蝍	蚰	蜿	蠡	蛧
위 고슴도치	복 박쥐	편 박쥐	언 도마뱀	황 황충	식 좀먹을	유 팽이	즉 지네	천 지렁이	완 꿈틀거	려 나나니벌	량 도깨비

融	螂	蝸	蝶	蝴	蠢	蝮	蟲	蝦	蝥	蟉	蝣	蝡
융 화할	랑 버마재비	와 달팽이	접 나비	호 나비	망 등애	복 독사	이 이슬	하 두꺼비	모 가리	추 나무벌레	유 하루살이	윤 꿈틀거릴

蟋	蟆	蟄	蟀	蟨	蠢	螻	螺	螳	螭	螫	螢	蓁
귀뚜라미 실	찰머구리 마	벌레움 추릴 첩	귀뚜라미 솔	미장	메뚜기 종	도르래 루	소라 라	범아자비 당	뿔없는 룡 리	쏠 석	반딧불 형	매미 진

蠟	蠖	蠕	蠑	蠍	蠅	蟻	蟹	蟲	蟬	蟠	蟒
밀 랍	자벌레 확	꿈틀거릴 유	도마뱀 영	전갈 헐	파리 승	개미 의	게 해	벌레 충	매미 선	서릴 반	큰뱀 망

蠔	衆	衄	血		蠻	蠹	蠶	蠲	蠱	蠣	蠢	蠡
토하는 소리 객	무리 중	코피 뉵	피 혈	皿部	남녘오 랑캐만	좀 두	누에잠	밝을 견	벌레독 고	굴 려	꿈틀거릴 준	나무먹는 벌레 려

蟋	蟀	螟	蟄	蟹	蟲	蟶	螺	螳	蟵	螫	螢	蟝
귀뚜라미실	미솔	벌레움추릴칩	찰머구리마	쓰르라미장	종메뚜기	도르래루	소라라	범아자비당	뿔없는룡	쏠석	반딋불형	매미진

蠟	蠖	蠕	蝶	蠍	蠅	蟻	蟹	蟲	蟬	蟠	蟒
밀랍	자벌레확	꿈틀거릴유	도마뱀영	전갈헐	파리승	개미의	게해	벌레충	매미선	서릴반	큰뱀망

衊	衆	蚓	血		蠻	蠹	蠶	蠲	蠱	蠣	蠢	蠢
토하는소리객	무리중	코피뉵	피혈	血部	남녁오랑캐만	좀두	누에잠	밝을견	벌레독고	굴려	꿈틀거릴춘	나무먹는벌레려

衢 구 네거리	衛 위 모실위	衡 형 저울대	衝 충 충돌할충	衒 아 마을아	街 가 거리가	術 술 꾀술	衒 현 자랑할현	衍 연 넘칠연	行 행 갈	行部	蟻 멸 피칠할

| 衣部 | | | | | | | | | | | 蟻 蟻 蟻 蟻 |

袈 가 가사가	袂 메 소매메	袁 원 옷길원	衿 금 옷깃금	衾 금 이불금	袵 임 요 임	衷 충 속 충	衱 겁 옷뒷깃	衰 쇠 쇠할쇠	袞 곤 곤룡포	衫 삼 적삼삼	表 표 밭 표	衣 의 옷 의

袿 규 웃옷규	袷 겹 겹옷겹	袴 고 바지고	袱 복 보자기	被 피 입을피	袪 거 소매거	裒 무 길이무	袢 번 속옷번	袟 질 칼집질	袖 수 소매수	袒 단 옷솔기터질단	袍 포 도포포	袋 대 자루대

衢	衞	衡	衝	衙	街	衒	術	衍	行	行部	蠛
네거리 구	모실 위	저울대 형	충돌 충	마을 아	거리가	자랑할 현	꾀 술	넘칠 연	갈 행		피칠할 멸

衣部	袈	袁	衿	衷	褥	袷	衰	袞	衫	表	衣
	가사 가	옷길 원	옷깃 금	속 충	요 임	옷뒷깃 겹	쇠할 쇠	곤룡포 곤	적삼 삼	밭 표	옷 의

袿	袷	袴	褓	被	袪	袤	袢	袪	袖	袍	袋
웃옷 규	겹옷 겹	바지 고	보자기 복	입을 피	소매 거	길이 무	속옷 번	칼집 질	소매 수	도포 포	자루 대

袖	裁	裂	裊	裎	裏	裔	裕	裘	裙	補	裝	裟
속옷인	마름질재	찢을렬	꾸밀뇨	벌거벗을정	속 리	옷깃예	넉넉할유	갖옷구	치마군	기울보	꾸밀장	가사사

裨	裳	裴	裸	裏	製	裾	複	褊	褌	褎	褐	褓
기울비	치마상	성 배	벌거벗을라	쌀 과	지을제	옷뒤깃거	겹옷복	좁을변	속바지곤	나아갈유	굵은베갈	포대기보

褕	褚	褞	褥	褥	褸	襁	襁	褒	襄	襒	襖	襞
쾌자유	솜둘저	베옷온	요 욕	요잇치	옷해질루	속옷설	포대기강	포장할포	도울양	떨칠별	두루막이오	치마주름벽

裟	裝	補	裙	裘	裕	裔	裏	裎	裊	裂	裁	裀
가사사	꾸밀장	기울보	치마군	갖옷구	넉넉할유	옷깃예	속리	벌거벗을정	꾸밀뇨	찢을렬	마름질재	속옷인

褓	褐	褏	襌	褊	複	裾	製	裹	裸	裴	裳	裨
포대기보	굵은베갈	나아갈유	곤속바지	좁을변	겹옷복	옷뒤깃거	지을제	쌀과	벌거벗을라	성배	치마상	기울비

襞	襦	襉	襄	褒	襁	褻	褸	褥	褥	縕	褚	襦
치마주름벽	치마주름	두루막이오	떨칠별	도울양	포장할포	속옷설	옷해질루	요잇치	요욕	배옷온	솜들저	쾌자유

西部 · 見部 · 角部

襟 옷섶금	襠 고의당	襤 해진옷람	襦 저고리유	襯 속옷친	襲 엄습할습	襴 나삼란

覈 사실할핵	覆 덮을부	覃 뻗을담	要 중요요	西 서녘서	西部	覊 그네기

七畫

見部

覬 원할기	親 어버이친	覩 볼도	覦 언고자할유	覘 엿볼점	覗 엿볼사	視 볼시	覓 찾을멱	規 법규	見 볼견	見部

解 풀해	觝 이름저	觜 부리취	觚 술잔고	觖 원망할결	角 뿔각	角部	觀 볼관	覿 볼적	覽 볼람	覺 깨달을각	覲 보일근	觀 볼구	覯 만나볼

襟	襠	襤	襦	襯	襲	襴		西	要	覃	覆	覈
옷섶금	고의당	해진옷람	저고리유	속옷친	엄습할습	나삼란		서녘서	중요요	뻗을담	덮을부	핵 사실할

西 部

見 部

七畫

霸	見	規	覓	視	覘	覗	覜	覩	覯	親	覲
그네기	볼견	법규	찾을멱	볼시	엿볼사	엿볼점	연고자할유	볼도	원할기	어버이친	원할기

覯	覲	覽	覺	觀	觀
만나볼구	보일근	볼람	깨달을각	볼적	볼관

角	觖	觚	觜	觝	解
뿔각	원망할결	술잔고	부리취	이름저	풀해

角 部

颭 바람찰 필	觴 잔 상	觸 받을촉	觿 뿔송곳 휴	言部	言 말씀언	訃 부음부	訂 평론할 정	計 계교계	訇 큰소리 굉	訊 물을신	討 칠 토	訐 발각할 알

| 訓 가르칠 운 | 訕 비방할 산 | 訖 이를흘 | 託 부탁할 탁 | 記 기록할 기 | 訛 사투리 와 | 訝 의심할 아 | 訟 송사할 송 | 訣 이별할 결 | 訥 어눌할 눌 | 訪 찾아볼 방 | 設 베풀설 | 許 허락할 허 |

| 訴 송사할 소 | 詞 꾸짖을 가 | 診 볼 진 | 註 주낼주 | 訾 욕할자 | 証 간할정 | 詆 발각할 저 | 詈 꾸짖을 리 | 詎 어찌거 | 詐 속일사 | 詒 속일이 | 詔 조서조 | 評 논할평 |

訐 발각할 알	討 칠 토	訊 물을신	訇 큰소리굉	計 계교계	訂 평론할정	訃 부음부	言 말씀언	言部	觽 뿔송곳휴	觸 받을촉	觴 잔상	屭 바람찰필

許 허락할 허	設 베풀설	訪 찾아볼 방	訥 어눌할 눌	訣 이별할 결	訟 송사할 송	訝 의심할 아	訛 사투리 와	記 기록할 기	託 부탁할 탁	訖 이를흘	訕 비방할 산	訓 가르칠 운

評 논할 평	詔 조서 조	詒 속일 이	詐 속일사	詎 어찌거	詈 꾸짖을 리	詆 발각할 저	証 간할정	訾 욕할자	註 주낼주	診 볼 진	詞 꾸짖을 가	訴 송사할 소

話	詰	詮	詭	詬	詫	詩	試	詣	詢	詠	詞	詛
말씀화	물을힐	전 이론할	궤 간사할	욕할구	타 자랑할	시 귀글시	시 시험할	예 나아갈	순 꾀할	읊을영	말씀사	저 저주할

誕	誓	誑	認	誌	誇	誅	誂	詼	詹	詳	該
날 탄	맹세서	속일광	알 인	기록지	자랑과	죽일주	시호리	서로꾀일조	조롱할 회	살필첨	자세상	마땅할 해

誹	課	誰	說	誨	誦	誥	誤	誣	誡	誠	語	誘
비 비방할	차례과	누구수	말씀설	회 가르칠	외울송	문언고	오 그르칠	속일무	경계계	정성성	말씀어	이끌유

話	詰	詮	詭	訴	詫	詩	試	詣	詢	詠	詞	詛
말씀화	물을힐	전	궤 간사할	욕할구	타 자랑할	귀글시	시 시험할	예 나아갈	꾀할순	읊을영	말씀사	저 저주할

誕	誓	誑	認	誌	誇	誅	誄	誂	詼	詹	詳	該
날 탄	맹세서	속일광	알 인	기록지	자랑과	죽일주	시 호 리	일 조	회 조롱할	살필첨	자세상	해 마땅할

誹	課	誰	說	誨	誦	誥	誤	誣	誡	誠	語	誘
비 비방할	차례과	누구수	말씀설	회 가르칠	외울송	문언고	오 그르칠	속일무	경계계	정성성	말씀어	이끌유

誼	調	詔	諄	談	請	諍	諏	諒	論	諗	諛	諜
정의의	고를조	아첨할첨	순 깨우칠	말씀담	청할청	간할쟁	추 문의할	민을량	의논론	고할심	유 아첨할	첩 이간할

諠	謚	諢	諤	諦	諧	諫	諭	諮	諱	諳	諵	諷
훤 지꺼릴	시호시	원 희롱할	할악 바른말	살필제	화할해	간할간	유 비유할	물을자	꺼릴휘	외일암	말많이 남	풍 나무랄

諸	諺	諾	謀	謂	謄	謇	謎	謐	謔	謗	謙
모든제	속어언	허락할낙	꾀모	이를위	등사할등	말더듬건	수수께끼미	고요할밀	농담학	비방할방	겸손할겸

諜	이간할 첩
諛	아첨할 유
諗	고할 심
論	의논 론
諒	믿을 량
諏	문의할 추
諍	간할 쟁
請	청할 청
談	말씀 담
諄	깨우칠 순
諂	아첨할 첨
調	고를 조
誼	정의 의

諷	풍, 나무랄
諵	말많이 할 남
諳	욀 암
諱	꺼릴 휘
諮	물을 자
諭	비유할 유
諫	간할 간
諧	화할 해
諦	살필 제
諤	바른말 악
諼	희롱할 원
諡	시호 시
諠	지꺼릴 훤

謙	겸손할 겸
謗	비방할 방
謔	농담 학
謐	고요할 밀
謎	수수께끼 미
謇	말더듬 건
謄	등사할 등
謂	이를 위
謁	보일 알
謀	꾀 모
諾	허락할 낙
諺	속어 언
諸	모든 제

講	謝	謠	謦	謨	讁	謬	謳	謷	謹	證	應	譎
익힐강	사례사	노래요	기침소리경	꾀모	죄줄적	그릇칠류	노래할구	거만할오	삼갈근	증거증	대답할응	속일휼

識	識	譜	譟	警	譬	譯	議	譴	護	譽	讀
꾸짖을기	알식	계보보	지껄일조	깨우칠경	비유할비	뜻풀역	의논의	꾸짖을견	도울호	기릴예	읽을독

變	讐	讎	讒	讓	讖	譞	讚	讜		谷	谺	谿
변할변	두려워할섭	원수수	참소할참	사양양양	참서첨	지껄일훤	밝을찬	곧은말당	谷部	골곡	골빈모 양하	시내계

譎	속일 휼
應	대답할 응
證	증거 증
謹	삼갈 근
謷	거만할 오
謳	노래할 구
謬	그릇칠 류
謫	죄줄 적
謨	꾀 모
謦	기침소리 경
謠	노래 요
謝	사례 사
講	익힐 강
讀	읽을 독
譽	기릴 예
護	도울 호
譴	꾸짖을 견
議	의논 의
譯	뜻풀 역
譬	비유할 비
譫	잠꼬대할 섬
警	깨우칠 경
譟	지껄일 조
譜	계보 보
識	알 식
譏	꾸짖을 기
谿	시내 계
谺	골빈모양 하
谷	골 곡
谷部	
讜	곧은말 당
讚	밝을 찬
讙	지껄일 훤
讖	참서 첨
讓	사양 양
讒	참소할 참
讎	원수 수
讋	두려워할 섭
變	변할 변

豆部

龠 통할활	豆部	豆 콩 두	豈 어찌기	鼓 콩자반시	豌 완두완	豎 세울수	豊 풍년풍

豕部	豕 돼지시	㒷 맞부딪칠회	豚 돼지돈	象 코끼리상

豸部

豨 큰톨희	豪 호걸호	豫 미리예	豬 산돼지저	豸部	豸 풀치	豹 표범표	豺 승냥이시	豻 들개안	貂 담비초	貅 강한짐승휴	貉 담비각	貌 모양모

貝部

貍 삵리	貎 사자새끼예	貔 날랜짐승비	貘 큰곰맥	貝部	貝 조개패	貞 곧을정	負 질부	財 재물재	貢 바칠공	貧 가난할빈	貨 재물화	販 장사할판

象	豚	豗	豕	豕部	豐	豎	豌	豉	豈	豆	豆部	豁
상 코끼리	돈 돼지돈	회 맞부딪칠회	시 돼지시		풍 풍년풍	수 세울수	완 완두완	시 콩자반시	기 어찌기	두 콩두		활 통합활

貌	貉	貅	貂	豻	豺	豹	豸	豸部	豬	豫	豪	豨
모 모양모	락 담비락	휴 강한짐승휴	초 담비초	안 들개안	시 승냥이시	표 표범표	치 풀치		저 산돼지저	예 미리예	호 호걸호	희 큰돝희

販	貨	貧	貢	財	負	貞	貝	貝部	貘	貔	貎	貍
판 장사할판	화 재물화	빈 가난할빈	공 바칠공	재 재물재	부 질부	정 곧을정	패 조개패		맥 큰곰맥	비 날랜짐승비	예 사자새끼예	리 삵리

貪	탐할 탐
貫	꿰일 관
責	꾸짖을 책
貯	쌓을 저
貰	세낼 세
貳	버금 이
貴	귀할 귀
貶	깎아내릴 폄
買	살 매
貸	빌릴 대
費	허비할 비
貼	붙을 첩
貽	끼칠 이
貿	무역할 무
賀	하례 하
賁	용맹할 분
賄	뇌물 회
賃	고용할 임
賄	큰톳 회
資	재물 자
賈	장사 고
賊	도둑 적
賑	넉넉할 진
賓	손 빈
賚	줄 뢰
賜	줄 사
賞	상줄 상
賠	배상 배
賢	어질 현
賣	팔 매
賤	천할 천
賦	부세 부
質	바탕 질
賭	내기 도
賴	힘입을 뢰
賺	거듭팔 잠
賻	부조할 부
購	살 구
賽	고사지낼 새

貽	끼칠 이
貼	붙을 첩
費	허비할 비
貸	빌릴 대
買	살 매
貶	깎아내릴 폄
貴	귀할 귀
貳	버금 이
貰	세낼 세
貯	쌓을 저
責	꾸짖을 책
貫	꿸 관
貪	탐할 탐

賜	줄 사
賚	줄 뢰
賓	손 빈
賑	넉넉할 진
賊	도둑 적
賈	장사 고
資	재물 자
賄	큰듯희
賃	고용할 임
賂	뇌물 회
賁	용맹할 분
賀	하례 하
貿	무역할 무

賽	고사지낼 새
購	살 구
賻	부조할 부
賺	거듭팔 잠
賴	힘입을 뢰
賭	내기 도
質	바탕 질
賦	부세 부
賤	천할 천
賣	팔 매
賢	어질 현
賠	배상 배
賞	상줄 상

赦	赤	赤部	贗	贖	贔	贓	贐	贏	贍	賛	贈	贅
죄사할 사	붉을 적		위조할 안	속바칠 속	힘쓸 비	뇌물받을 장	노자 신	남을 영	족할 섬	도울 찬	보내줄 증	군물건 취

趣	趙	越	超	趁	赸	起	赴	走	走部	赭	赫	赧
추장할 추	나라 조	넘을 월	뛸 초	쫓을 진	뛸 산	일어날 기	달아날 부	달아날 주		묽은흙 자	빛날 혁	낯붉을 난

跚	跗	跕	跌	跋	跂	趾	趺	足	足部	趲	趫	趨
절뚝거릴 산	발등 부	신끌 접	넘어질 질	밟을 발	걸터앉을 기	발 지	책상다리할 부	발 족		뛸 적	건장할 교	달일 추

赦	죄사할 사
赤	붉을 적
赤 部	
贗	위조할 안
贖	속바칠 속
贔	힘쓸 비
贐	노자 신
贓	뇌물받을 장
贏	남을 영
贍	족할 섬
贊	도울 찬
贈	보내줄 증
贅	군물건 취

趣	추창할 추
趙	나라 조
越	넘을 월
超	뛸 초
趁	쫓을 진
赸	떨 산
起	일어날 기
赴	달아날 부
走	달아날 주
走 部	
赭	묽은흙 자
赫	빛날 혁
赧	낯붉을 난

趨	달일 추
趫	건장할 교
趯	뛸 적
足 部	

足	발 족
趺	책상다리할 부
趾	발 지
跂	걸터앉을 기
跋	밟을 발
跌	넘어질 질
跕	신골접 점
跗	발등 부
跚	절뚝거릴 산

跛	距	跡	跣	跨	跪	跫	路	跳	踘	踆	跟	踊
쩔뚝발이 파	떨어질 거	자취 적	맨발 선	걸터앉을 과	꿇어앉을 궤	발자취소리 공	길 로	뛸 조	몸꾸부러질 국	그칠 준	급히걸을 랑	뛸 용

踏	踐	踔	踖	踝	踞	踟	踠	踡	踣	踦	踪	踰
밟을 답	밟을 천	넘을 초	살짝걸을 적	복사뼈 과	걸어앉을 거	머뭇거릴 지	굽힐 원	허리굽힐 권	엎어질 복	절뚝거릴 기	자취 종	넘을 유

踵	蹀	蹁	蹂	蹄	蹇	蹈	蹉	蹊	蹌	蹖	蹙	蹟
발자취 종	밟을 접	절름거릴 편	밟을 유	굽 제	절뚝발 건	밟을 도	미끄러질 차	지름길 혜	주장할 창	종종걸음 척	찡그릴 축	자취 적

踊 뛸 용	踉 급히걸을 랑	踆 그칠 준	跔 몸꾸부러질 굽	跳 뛸 조	路 길 로	跫 발자취소리 공	跪 꿇어앉을 궤	跨 걸터앉을 과	跣 맨발 선	跡 자취 적	距 떨어질 거	跛 절뚝발 파 / 이
踰 넘을 유	踪 자취 종	踦 절뚝거릴 기	踣 엎어질 복	踡 허리굽힐 권	踠 급힐 원	踟 머뭇거릴 지	踞 걸어앉을 거	踝 복사뼈 과	踖 살짝걸을 적	踔 넘을 초	踐 밟을 천	踏 밟을 답
蹟 자취 적	蹙 찡그릴 축	蹜 종종걸음 척	蹌 주장할 창	蹊 지름길 혜	蹉 미끄러질 차	蹈 밟을 도	蹇 절뚝발 건	蹄 굽 제	蹂 밟을 유	蹁 절름거릴 편	蹀 밟을 접	踵 발자축 종

書體字典 — 足部 / 身部 / 車部

蹠	蹡	蹣	踪	蹲	蹴	蹶	蹻	蹼	躁	躅	躇	躊
발바닥 척	걷는모 양 장	넘을 만	자취 종	걸어앉을 준	찰 축	넘어질 궐	바랄 교	오리발 복	조급할 조	머뭇거릴 촉	발머물 저	주저할 주

躍	蹟	躅	躍		身	躬	躲	軀	車部	車	軋	軌
뛸 약	미끄러질 집	철쭉 철	발구부릴 각	身部	몸 신	몸 궁	피할 타	몸 구		수레 거	률 알	궤도 궤

軍	軒	軟	軨	軫	軸	軻	軺	軹	軼	軾	較	輅
군사 군	추녀헌	연할 연	수레난간 령	구를 진	굴대 축	지	적은차 초	날가	지날 일	차앞턱 나무식	비교할 교	천자타는차 로

躊 주저할 주	躇 발머물 저	躅 머뭇거릴 촉	躁 조급할 조	蹼 오리발 복	蹺 바랄 교	蹶 넘어질 궐	蹴 찰 축	蹲 걸어앉을 준	磴 자취 종	蹣 넘을만 만	蹡 건는모양 장	蹠 발바닥 척

軌 궤도 궤	軋 수레구를 알	車 수레 거	車部	軀 몸 구	躲 피할 타	躬 몸 궁	身 몸 신	身部	躩 발구부릴 각	蹟 미끄러질 집	躕 철쭉 철	躍 뛸 약

輅 천자타는차 로	較 비교할 교	軾 차앞턱나무식	軼 지날 일	軻 대못만날 가	輖 적은차 초	軔 굴대끝 지	軸 축 축	軫 구를 진	輪 수레난간 연	軟 연할 연	軒 추녀 헌	軍 군사 군

輪	輩	輦	輟	輝	輜	輛	輕	輔	輓	輒	輊	載
바퀴 륜	무리 배	연 련	그칠 철	빛날 휘	짐실은 수레 치	수레바 량	가벼울 경	도울 보	수레끌 만	문득 첩	낮을 지	실을 재

轗	轎	轍	轉	轆	轅	轄	轂	輿	輻	輸	輳	輯
때못 만감	가마 교	바퀴 철	구를 전	두레박 틀 록	멍에채 원	다스릴 할	바퀴통 곡	수레 여	바퀴 복	보낼 수	다투어 모일 주	모을 즙

辯	辭	辨	辣	辟	辜	辛		轢	轡	轟	轜
말잘할 변	말씀 사	분변할 변	매울 랄	편벽할 벽	허물 고	매울 신		바퀴길 력	고삐 비	수레소리 굉	수레 유

辛 部

載	실을 재
輊	낮을 지
輒	문득 첩
輓	수레끌 만
輔	도울 보
輕	가벼울 경
輛	수레 량
輜	짐실은 수레 치
輝	빛날 휘
輟	그칠 철
輦	연 련
輩	무리 배
輪	바퀴 륜
輯	모을 즙
輳	다투어모일 주
輸	보낼 수
輹	바퀴 복
輿	수레 여
轂	바퀴통 곡
轄	다스릴 할
轅	멍에채 원
轆	틀 록
轉	구를 전
轍	바퀴 철
轎	가마 교
轗	때못만날 감
轤	수레 유
轟	수레소리 굉
轡	고삐 비
轢	밟힐 력
轣	바퀴길 력

辛 部

辛	매울 신
辜	허물 고
辟	편벽할 벽
辣	매울 랄
辨	분변할 변
辭	말씀 사
辯	말잘할 변

辰部

超 멀초	沾 갈첨	近 가까울근	返 돌아올반	迎 맞을영	迅 빠를신	迄 이를흘	迂 굽을우	農 농사농	辱 욕할욕	辰 별진	辰部	

走部 文同

| 迥 멀형 | 迦 부처이름가 | 迪 나아갈적 | 迫 핍박할박 | 迭 갈마들질 | 述 지을술 | 迷 미혹할미 | 迹 자취적 | 追 쫓을추 | 退 물러갈퇴 | 送 보낼송 | 逃 도망할도 | 逅 우연히만날후 |

| 逆 거스릴역 | 逋 도망할포 | 逍 거닐소 | 透 통할투 | 逐 쫓을축 | 途 길도 | 逕 길경 | 逗 머무를두 | 這 이자 | 通 통할통 | 逝 갈서 | 造 지을조 | 速 빠를속 |

辰部

| 辰 별 진 | 辱 욕할 욕 | 農 농사 농 | 走部 之同 | 迂 굽을 우 | 迄 이를 흘 | 迅 빠를 신 | 迎 맞을 영 | 返 돌아올 반 | 近 가까울 근 | 玷 갈 첨 | 迢 멀 초 |

| 逈 멀 형 | 迦 부처이름 가 | 迪 나아갈 적 | 迫 핍박할 박 | 迭 가마들 질 | 述 지을 술 | 迷 미혹할 미 | 迹 자취 적 | 追 쫓을 추 | 退 물러갈 퇴 | 送 보낼 송 | 逃 도망할 도 | 逅 우연히 만날 후 |

| 逆 거스릴 역 | 逋 도망할 포 | 逍 거닐 소 | 透 통할 투 | 逐 쫓을 축 | 途 길 도 | 逕 길 경 | 逗 머무를 두 | 這 이 자 | 通 통할 통 | 逝 갈 서 | 造 지을 조 | 速 빠를 속 |

遊	遇	遂	遁	逼	逸	迸	進	週	逮	連	逢	逡
놀 유	만날 우	이룰 수	도망할 둔	핍박할 핍	편안할 일	흩어날 아날병	나갈 진	두루 주	잡을 체	연할 련	만날 봉	물러갈 준

遠	遞	遜	遙	遘	違	達	道	遑	遐	過	遍	運
멀 원	바꿀 체	겸손할 손	멀 요	서로만날 구	어길 위	통달할 달	길 도	겨를 황	멀 하	지낼 과	두루 편	옮길 운

避	遽	遼	遺	選	遵	遷	遲	遮	遭	適	遣	遡
피할 피	급할 거	멀 료	끼칠 유	뽑을 선	좇을 준	옮길 천	더딜 지	가리울 차	만날 조	맞을 적	보낼 견	거스를 소

遊	遇	遂	逭	逼	逸	迸	進	週	逮	連	逢	逡
놀 유	만날 우	이룰 수	도망할 둔	핍박할 핍	편안할 일	흩어달 아날 병	나갈 진	두루 주	잡을 체	연할 련	만날 봉	물러갈 준

遠	遞	遜	遙	遘	違	達	道	遑	遐	過	遍	運
멀 원	바꿀 체	겸손할 손	멀 요	서로만 날 구	어길 위	통달할 달	길 도	겨를 황	멀 하	지낼 과	두루 편	옮길 운

避	遽	遼	遺	選	遵	遷	遲	遮	遭	適	遣	遡
피할 피	급할 거	멀 료	끼칠 유	뽑을 선	좇을 준	옮길 천	더딜 지	가리울 차	만날 조	맞을 적	보낼 견	거스를 소

邏	邊	邈	邇	邃	還	避	邁	邀
돌라	가변	멀막	가까울이	그윽할수	돌아올환	우연히만날해	멀리갈매	맞을요

邑部 阝同	邑	邕	邙
	고을읍	막을옹	산이름망

郡	郎	郊	郁	邸	邵	邴	邱	邨	邪	邦	那	邠
고을군	사내랑	들교	문채성할욱	집저	땅이름소	성병	언덕구	지명한	간사할사	나라방	어찌나	나라이름빈

鄧	鄰	鄭	鄙	鄉	鄒	鄂	都	郵	郭	部	郤	郢
고을이름등	이웃린	정나라정	더러울비	시골향	추나라추	땅이름악	도읍도	지날우	외성곽	마을부	성극	서울영

邙	邕	邑	邑部 阝同	邏	邊	邈	邇	邃	還	避	邁	邀
산이름 망	막을 옹	고을 읍		돌 라	가 변	멀 막	가까울 이	그윽할 수	돌아올 환	우연히 만날 해	멀리갈 매	맞을 요

郡	郎	郊	郁	邸	邵	邴	邱	邳	邪	邦	那	邠
고을 군	사내 랑	들 교	문채성할 욱	집 저	땅이름 소	성 병	언덕 구	지명 한	간사할 사	나라 방	어찌 나	나라이름 빈

鄧	鄰	鄭	鄙	鄕	鄒	鄂	都	郵	郭	部	郤	郢
고을이름 등	이웃 린	정나라 정	더러울 비	시골 향	추나라 추	땅이름 악	도읍 도	지날 우	외성 곽	마을 부	성 극	서울 영

酣	酢	酖	酒	酎	配	酌	酋	酊	酉	西部	鄴	鄲
취할감	초 조	술즐길 탐	술 주	세번빚은술주	짝 배	짐작할 작	괴수추	취할정	닭 유		고을이름 업	땅이름 단

醍	醋	醉	醇	醆	酸	酷	酵	醒	酬	酪	酩	酤
타락윗물제	술잔돌릴작	취할취	전술순	술잔잔	실 산	혹독할혹	술고일교	술병정	갚을수	타락락	심히취할명	술팔고

醺	釀	醵	醴	醲	醱	醬	醫	醪	醞	醜	醒	醐
취할훈	술빚을 양	추렴할각	단술례	전국술농	술괼발	장 장	의원의	막걸리료	온	더러울추	깰 성	술우물호

醘	酢	酖	酒	酎	配	酌	酋	酊	酉		酆	鄲
취할 감	초 조	술즐길 탐	술 주	세번빚은술주	짝 배	잔작할 작	괴수추	취할정	닭 유	酉部	고을이름 업	땅이름 단

醒	醋	醉	醇	醆	酸	酷	酵	醒	酬	酪	酩	酤
물 탈락 윗 제	술잔돌릴 작	취할취	전술순	술잔잔	실 산	혹 혹독할	술고일 교	술병정	갚을수	타락락	심히 취할 명	술 팔고

醺	釀	醵	醴	醲	醱	醬	醫	醪	醖	醜	醒	醐
취할훈	술빚을 양	추렴할 갹	단술례	전국술농	술괼발	장 장	의원의	막걸리 료	술빚을온	더러울 추	깰 성	술우물 호

釁	釆部	采	釆	釋	里部	里	重	野	量	釐	八畫	金部
틈 흔		채색채	분변할 변	풀 석		마을리	무거울 중	들 야	헤아일 량	다스릴 리		

金	釘	釜	針	釣	釦	釧	釭	釵	鈍	鈇	鈞	鈴
쇠 금	못 정	가마부	바늘침	낚시조	떠들석할구	팔쇠천	등잔강	가랑비녀채	무딜둔	작도부	삼십근균	방울령

鈷	鈿	鉅	鉈	鉉	鉗	鉗	鉛	鉞	鉢	鈎	鉦	鉸
다리미 고	금비녀 전	갈구리 거	짧은창 사	솥귀현	대패포	목자물쇠겸	납 연	큰도끼 월	바릿대 발	갈구리 구	징 정	가위교

釁 틈 흔	釆 분변할 변 (釆部)	采 채색 채	釋 풀 석	里 마을 리 (里部)	重 무거울 중	野 들 야	量 헤아일 량	釐 다스릴 리	八畫	金部

金 쇠 금	釘 못 정	釜 가마 부	針 바늘침	釣 낚시조	釦 떠들석 할구	釧 팔쇠천	釭 등잔강	釵 가랑비 녀채	鈍 무딜둔	鈞 삼십근 균	鈴 방울령

鈷 다리미 고	鈿 금비녀 전	鉅 갈구리 거	鉏 짧은창 사	鉉 솥귀현	鉋 대패포	鉗 목자물쇠겸	鉛 남 연	鉞 큰도끼월	鉢 바릿대발	鈎 갈구리구	鉦 징 정	鉸 가위교

鋏	銷	銳	衝	銛	銚	銘	銓	銑	銅	銃	銀	鉾
칼협	녹일소	날카로울예	재갈함	날카로울섬	가래조	새길명	저울전	무쇠선	구리동	총총	은은	창끝모

錚	錙	錘	錐	錆	錄	鋼	鋸	鋝	鋪	鋩	鋤	鋒
쇳소리쟁	저울눈치	저울추	송곳추	정할청	기록할록	강철강	톱거	칼날철	필포	창끝망	호미서	칼날봉

鍛	鍔	鍍	鍋	鍊	錨	錯	錮	錫	錦	錢	錡	錠
쇠불릴단	칼끝악	도금할도	남비과	쇠불릴련	닻묘	석일착	틈막을고	줄석	비단금	돈전	신선로정	등정

鋏	銷	銳	衛	銛	銚	銘	銓	銑	銅	銃	銀	鉾
칼 협	녹일 소	날카로울 예	재갈 할	날카로울 섬	가래 조	새길 명	저울 전	무쇠 선	구리 동	총 총	은 은	창끝 모

鎗	錙	錘	錐	錆	錄	鋼	鋸	錣	鋪	鋩	鋤	鋒
쟁 쇳소리	저울눈 치	저울추 추	송곳 추	정할 청	기록할 록	강철 강	톱 거	칼날 철	펼 포	창끝 망	호미 서	칼날 봉

鍛	鍔	鍍	鍋	鍊	錨	錯	錮	錫	錦	錢	錡	錠
단 쇠불릴	칼끝 악	도 도금할	남비 과	련 쇠불릴	닻 묘	석 섞일 착	고 틈막을	줄 석	비단 금	돈 전	정 신선로	등 정

鎖	鎔	鎌	鍾	鍼	鍵	鏶	鍮	鍫	鏊	鍥	銼	鎤
자물쇠 쇄	녹일용	낫 겸	술잔종	침 침	자물쇠 건	쇳조각 섭	놋쇠유	가래초	투구무	새길게	가래삽 리	쇠북소리 굉

鏡	鏝	鏘	鏗	鏖	鏑	鏇	鏃	鎮	鎬	鎧	鎚	鎗
거울경	흙손만	옥소리 장	쇳소리 갱	무찌를 오	살촉적	바퀴선	살촉족	진정할 진	호경호	갑옷개	쇠망치 추	종소리 쟁

鑑	鑄	鐺	鐸	鐶	鐫	鐵	錏	鐙	鐘	鐃	鏤	鏢
거울감	쇠부을 주	쇠사슬 당	목탁탁	쇠고리 환	새길전	쇠·철	목투구 아	등자등	쇠북종	작은징 요	새길루	칼날표

鎖	자물쇠 쇄
鎔	녹일 용
鎌	낫 겸
鍾	술잔 종
鍼	침 침
鍵	자물쇠 건
鍱	쇳조각 섭
鍮	놋쇠 유
鍬	가래 초
鍪	투구 무
鍥	새길 게
鍤	가래 삽
鍠	쇠북소리 굉

鏡	거울 경
鏝	흙손 만
鏘	옥소리 장
鏗	쇳소리 갱
鏖	무찌를 오
鏑	살촉 적
鏇	바퀴 선
鏃	살촉 족
鎭	진정할 진
鎬	호경 호
鎧	갑옷 개
鎚	쇠망치 추
鎗	종소리 쟁

鑑	거울 감
鑄	쇠부을 주
鐺	쇠사슬 당
鐸	목탁 탁
鐶	쇠고리 환
鐫	새길 전
鐵	쇠 철
鍜	목투구 아
鐙	등자 등
鐃	쇠북종 요
鐃	작은징 요
鏤	새길 루
鏢	칼날 표

長部 / 門部

長 (긴 장)	鑊 (큰호미 곽)	鑿 (끌 착)	鑾 (방울란)	鑽 (송곳찬)	鑵 (두레박 관)	鑪 (화로로)	鑢 (줄 려)	鑠 (쇠녹일 삭)	鑛 (쇳돌광)	鑕 (머루질)

門部

閥 (문벌벌)	閤 (안방합)	閘 (빗장갑)	閔 (민망할민)	閑 (한가한)	閏 (문지방한)	閏 (윤달윤)	閎 (클 굉)	開 (열 개)	閉 (닫을폐)	閃 (번쩍거릴섬)	門 (빗장산)	門 (문 문)

闕 (대궐궐)	闔 (문짝합)	闍 (성문층대도)	闌 (난간란)	闊 (넓을활)	闇 (어두울암)	閾 (문지방역)	閼 (막힐알)	閻 (마을염)	閱 (볼 열)	閻 (마을려)	閣 (집 각)	閨 (안방규)

242　書體字典

長部 · 門部

| 長 긴 장 | 鑕 머루질 | 鑛 쇳돌광 | 鑠 쇠녹일 삭 | 鑢 줄 려 | 鑪 화로로 | 鑵 두레박 관 | 鑽 송곳찬 | 鑾 방울란 | 鑿 끌 착 | 钁 큰호미 곽 |

門部

| 門 문 문 | 閂 빗장산 | 閃 번쩍거릴 섬 | 閉 닫을폐 | 開 열 개 | 閎 클 굉 | 閏 윤달윤 | 閑 한 문지방 | 閒 한가한 | 閔 민망할민 | 閘 빗장갑 | 閤 안방합 | 閥 문벌벌 |

| 閨 안방규 | 閣 집 각 | 閭 마을려 | 閱 불 열 | 閻 마을염 | 閼 막힐알 | 閾 문지방역 | 闇 어두울암 | 闊 넓을활 | 闌 난간란 | 闍 성문층 대도 | 闔 문짝합 | 闕 대궐궐 |

阜部 (부 部)

闒	엿볼 침
闟	지경문 관
闢	열 벽
闡	밝힐 천
闋	대궐작은문 달
阜	언덕 부
阡	밭둑길 천
阤	헐 치
阪	고개 판
阬	구덩이 항
防	막을 방
阻	막힐 조
阿	큰언덕 아
陀	험할 타
陂	언덕 파
附	붙일 부
陋	더러울 루
陌	밭둑길 백
降	내릴 강
限	한정 한
陘	산중턱끊 / 어질 형
陛	섬돌 폐
陝	좁을 협
陞	오를 승
陟	오를 척
院	집 원
陣	진칠 진
除	덜 제
陪	모실 배
陬	모퉁이 추
陰	그늘 음
陲	변방 수
陳	묵을 진
陵	언덕 릉
陶	질그릇 도
陷	빠질 함
陸	뭍 륙
陽	별 양

阻	防	阬	阪	阤	阡	阜	阜部	闥	闢	闡	關	閼
막힐조	막을방	구덩이항	고개판	헐치	밭둑길천	언덕부		대궐작은문달	열벽	밝힐천	지경문관	여불침

陟	陞	陜	陛	陘	限	降	陌	陋	附	陂	陀	阿
오를척	오를승	좁을협	섬돌폐	산중턱끊어질형	한정한	내릴강	밭둑길백	더러울루	붙일부	언덕파	험할타	아 큰언덕

陽	陸	陷	陶	陵	陳	陲	陰	陬	陪	除	陣	院
볕양	뭍륙	빠질함	질그릇도	언덕릉	묵을진	변방수	그늘음	모퉁이추	모실배	덜제	진칠진	집원

障	際	隙	隘	隕	隔	階	隋	隊	隈	隆	隅	隄
막힐장	즈음제	틈 극	좁을애	떨어질운	막힐격	섬돌계	수나라수	무리대	물굽이외	높을륭	모퉁이우	언덕제

隻	隹		隸	隶		隴	隱	險	隩	隨	隧	隤
외짝척	새 추	隹部	종 례	미칠이	隶部	밭두둑롱	숨을은	험할험	물가언덕오	따를수	굴 수	무너질퇴

雖	雕	雍	雌	雋	雉	雇	集	雅	雄	雁	雀	隼
비록수	독수리조	화할옹	암컷자	살찐고기전	꿩 치	삯줄고	모을집	맑을아	수컷웅	기러기안	참새작	새매준

障 막힐장	際 즈음제	隙 틈극	隘 좁을애	隕 떨어질운	隔 막힐격	階 섬돌계	隋 수나라수	隊 무리대	隈 물굽이외	隆 높을륭	隅 모퉁이우	隄 언덕제

隻 외짝척	隹 새추		隸 종례	隶 미칠이		隴 발두둑롱	隱 숨을은	險 험할험	隩 물가언덕오	隨 따를수	隧 굴수	隤 무너질퇴
		隹部			隶部							

雖 비록수	雕 독수리조	雍 화할옹	雌 암컷자	雋 살찐고기전	雊 꿩치	集 모을집	雅 맑을아	雄 수컷웅	雁 기러기안	雀 참새작	隼 새매준

雨部

雙	雛	雜	難	離	難
쌍 쌍	새 새끼 추	석일 잡	닭 계	떠날 리	어려울 난

雨	雪	雫	雰	雲	零
비 우	눈 설	물방울 나	눈오는 모양분	구름운	떨어질 령

雷	雹	電	需	霄	霆	震	霈	霍	霏	霑	霓	霖
우뢰 뢰	우박 박	번개 전	찾을 수	하늘 소	빠른우뢰 정	우뢰 진	장마 패	급할 곽	안개비	젖을 점	암무지개 예	장마 림

霙	霜	霞	霧	霪	霰	露	霸	霹	霽	靂	靄	靆
싸리눈 영	서리 상	놀 하	안개 무	장마 음	싸락눈 선	이슬 로	으뜸 패	벼락 벽	비개일 제	벼락 력	구름모여들 애	구름성할 체

雨 部

雙	雛	雜	難	離	難
쌍 쌍	새새끼 추	석일잡	닭 계	떠날리	어려울 난

雪	雩	雲	零	雨	雫
눈 설	물방울 뇌	모양분 눈오는	구름운	떨어질 령	비 우

雷	雹	電	需	霄	霆	震	霈	霍	霏	活	霓	霖
우뢰뢰	우박박	번개진	찾을수	하늘소	빠른우리정	우뢰진	장마패	급할곽	안개비	젖을점	암무지개예	장마림

霙	霜	霞	霧	霤	霰	露	霸	霹	霽	歷	靄	靉
싸리눈 영	서리상	놀 하	안개무	장마음	싸락눈 선	이슬로	으뜸패	벽력벽	비개일 제	벼락력	구름모여들애	구름성할체

靈 신령 령

靉 구름 모
靆 일 애

青部

青 푸를 청
靖 편안할 정
靚 단장할 정
靜 고요 정

非 아닐 비

非部

靡 없을 미

九畫

面 낯 면

面部

靦 얼굴뵈일 전
靨 보조개 엽

革部

革 가죽 혁
靭 질길 인
靳 아낄 근
靴 가죽신 화
鞈 종족이름 달
鞅 쇠굴레 양
鞋 가죽신 혜
鞍 안장 안
鞏 굳을 공
鞘 칼집 초

鞠 기를 국
鞦 그네 추
鞭 채찍 편
鞳 종고소리 탑
鞺 북소리 당
鞴 풀무 비
鞿 말재갈 기
韆 그네 천

韋部

韋 가죽 위
韓 한나라 한
韜 칼집 도
韡 밝을 위

靈 신령 령 · **雲/愛** 구름 모 / 일 애 · 靑 部 · **靑** 푸를 청 · **靖** 편안할 정 · **靚** 단장할 정 · **靜** 고요 정 · **靡** 없을 미 · **非** 아닐 비 · 非 部 · 九畫 · 面 部 · **面** 낯 면

靦 얼굴뷔 · 일 전 · **靨** 보조개 엽 · 革 部 · **革** 가죽 혁 · **靭** 질길 인 · **靳** 아낄 근 · **靴** 가죽신 화 · **靼** 종족이름 달 · **鞅** 쇠굴레 앙 · **鞋** 가죽신 혜 · **鞍** 안장 안 · **鞏** 굳을 공 · **鞘** 칼집 초

鞠 기를 국 · **鞦** 그네 추 · **鞭** 채찍 편 · **鞳** 북소리 당 · **鞴** 풀무 비 · **鞿** 말재갈 기 · **鞦** 그네 천 · 韋 部 · **韋** 가죽 위 · **韓** 한나라 한 · **韜** 칼집 도 · **韠** 밟을 위 · 章 部

韭 部

| 須 모름지수 | 頌 칭송할송 | 預 미리예 | 頑 완고완 | 頒 나눌반 | 頓 무딜돈 | 頗 자못파 | 領 받을령 | 頡 긁을갈 | 頤 턱이 | 頭 머리두 | 頰 뺨협 | 頷 턱함 |

| 頸 목경 | 頹 무너질퇴 | 頻 자주빈 | 顆 덩어리과 | 顋 볼다구시 니시 | 題 제목제 | 額 이마액 | 顏 얼굴안 | 願 원할원 | 顚 엎드러질전 | 類 무리류 | 顥 클호 | 顧 고돌아볼 |

韭部

韭 부추구	音部 音 소리음	韶 아름다울소	韻 운 운	響 울릴향	頁部 頁 머리혈	頂 이마정	頃 잠간경	項 목덜미항	順 순할순

須 모름지기수	頌 칭송할송	預 미리예	頑 완고완	頒 나눌반	頓 무딜돈	頗 자못파	領 받을령	頡 글을갈	頤 턱이	頭 머리두	頰 뺨협	頷 턱함

頸 목경	頹 무너질퇴	頻 자주빈	顆 덩어리과	顋 볼다구니시	題 제목제	額 이마액	顔 얼굴안	願 원할원	顚 엎드러질전	類 무리류	顥 클호	顧 돌아볼고

書體字典

風部 · 飛部 (상단)

顯 나타날 현	顰 찡그릴 빈	髗 해골로	風部	風 바람풍	颯 바람소리 삽	颱 폭풍태	颶 사방풍 구	飄 드날릴 양	飃 바람표	飆 불통퇼 표	飛部 · 飛 날비

食部 (중단)

飜 뒤집힐 번	食部 · 食 밥 식	飢 주릴 기	飧 물만밥 손	飩 찐떡돈	餀 배부를 어	飭 신칙할 칙	飯 밥반	飲 마실음	飴 엿 이	飼 먹일사	飽 배부를 포

(하단)

飾 꾸밀식	餉 도시락 향	養 기를양	餌 미끼이	餐 반찬찬	餓 주릴아	餘 남을여	餞 전송전	餠 밀가루떡병	餡 떡소함	館 객사관	餬 죽호	餾 찐밥류

飛部	飛 날 비	飆 불통뷀 표	飄 바람표 표	颺 드날릴 양	颶 사방풍 구	颱 폭풍태	颯 바람소리 삽	風 바람풍	風部	顱 해골 로	顰 찡그릴 빈	顯 나타날 현

飽 배부를 포	飼 먹일 사	飴 엿 이	飯 밥 반	飲 마실 음	飭 신칙할 칙	飫 배부를 어	飩 찐떡 돈	飧 물만밥 손	飢 주릴 기	食 밥 식	食部	飜 뒤집힐 번

饇 찐밥류	餬 죽 호	館 객사관	餡 떡소함	餠 밀가루떡 병	餞 전송전	餘 남을 여	餓 주릴 아	餐 반찬찬	餌 미끼 이	養 기를 양	餉 도시락 향	飾 꾸밀 식

馘	馗	首		饜	饗	饔	饒	饑	饌	饋	饉	饅
곡 머리벨	규 광대뼈	머리수	首部	물릴염	누릴향	옹 아침밥	요 풍족할	주릴기	반찬찬	먹일궤	주릴근	만두만

駁	馴	馳	默	馮	馭	馬		馨	馥	香	
박 얼룩말	순 말순할	달릴치	태 짐실을	빙 탈	어 말부릴	말 마	馬部	기날형 멀리향	향기복	향기향	香部

十畫

駁	駭	驍	駟	駛	駙	駘	駕	駔	駿	駒	駑	駐
박 논박할	놀랄해	을신 빨리걸	사마사	빠를사	결말부	을태 재갈벗	멍에가	준마장	비 말달릴	구 망아지	둔할노	머물주

首部

馘	馗	首	首部	饜	饗	饔	饒	饑	饌	饋	饉	饅
괵 머리벨	규 머리뼈	머리수		물릴염	누릴향	옹 아침밥	요 풍족할	주릴기	반찬찬	먹일궤	주릴근	만두만

香部 · 馬部

十畫

駁	馴	馳	駄	馮	馭	馬	馬部	十畫	馨	馥	香	香部
박 얼룩말	순 말순할	달릴치	태 짐실을	어 탈빙	어 말부릴	말 마			멀리향 기날형	향기복	향기향	

馬部 (계속)

駁	駭	駃	駟	駛	駙	駘	駕	駔	駓	駒	駑	駐
박 논박할	해 놀랄	결 빨리걸 을신	사 사마	빠를사	결 곁말부	태 재갈벗을	가 멍에	준마장	비 말달릴	구 망아지	둔할노	머물주

騷	騰	騫	騙	騑	騏	騎	駢	駿	駻	駸	駱
떠들소	오를등	이즈러질건	속일편	달아날무	명에한말비	말탈기	바둑말기	말두필병 에멜 병	준마준	사나운말한	갈 말빨리 침	흰말락

驩	驥	驢	騶	驛	驚	驗	驕	驄	駒	騾	驀
즐길환	천리마기	나귀려	달릴추	역마역	놀랄경	증험할험	거만할교	오색말총	돌구	노새라	말탈맥

體	髓	髑	髏	髀	骾	骼	骸	骰	骭	骨		驪
몸체	뼈골수	해골촉	해골루	다리비	목에걸릴경	뼈각	뼈해	주사위투	정강이뼈한	뼈골	骨部	검은말려

騷	騰	騫	騙	騖	騑	騏	騎	騈	駿	駻	駹	駱
떠들소	오를등	이즈러질건	속일편	달아날무	멍에한말비	바둑말기	말탈기	말두필명병	준마준	사나운말한	말빨리갈칠	흰말락

驩	驥	驢	驟	驛	驚	驗	驕	驄	驅	驁	驘	驀
즐길환	천리마가	나귀려	달릴추	역마역	놀랄경	증험할험	거만할교	오색말총	돌구	준마오	노새라	말탈맥

體	髓	髑	髏	髀	骾	骼	骸	骰	骬	骨		驪
몸체	뼈골수	해골촉	해골루	다리비	목에걸릴경	벼각	뼈해	주사위투	정강이뼈한	뼈골	骨部	검은말려

高部　髟部

高	髡	髢	髣	髥	髦	髽	髭	髮	髴	鬐
높을 고	머리깎을 곤	땅은머리 체	비슷할 방	수염 염	나팔머리 모	더벅머리 초	웃수염 자	터럭 발	비슷할 불	상투 계

鬥部

鬄	鬆	鬈	鬘	鬚	鬟	鬢	鬣	鬧	鬪	鬩	鬮
곱슬머리 곡	터럭송 킬	수염보기좋을 권	다리꼭지 만	수염 수	쪽질 환	살쩍 빈	갈기 렵	시끄러울 뇨	다투는소리 흥	송사할 혁	범우는소리 함

鬼部　鬲部　幽部

鬪	幽	鬲	鬴	鬻	鬵	鬼	魁	魂	魃
싸울 투	활집창	오지병 격	큰가마 심	뭇 종	죽 죽	귀신귀	으뜸귀	혼 혼	가믐귀 신발

高部 (높을고)

高 높을고

髟部 (터럭발)

- 髡 머리깎을곤
- 髢 체머리
- 髣 비슷할방
- 髯 수염염
- 髦 나팔머리모
- 髫 더벅머리
- 髭 웃수염자
- 髮 터럭발
- 髴 비슷할불
- 髻 상투계

- 鬎 곱슬머리곡
- 鬆 터럭송
- 鬐 수염좋을권보기
- 鬌 다리꼭지만
- 鬚 수염수
- 鬟 쪽질환
- 鬢 살적빈
- 鬣 갈기렵

鬥部 (싸울투)

- 鬮 싸울투
- 鬪 범우는소리함
- 鬩 송사할혁
- 鬨 다투는소리홍
- 鬧 시끄러울뇨

鬲部 (오지병격)

- 鬮 싸울투
- 幽 활집창
- 鬲 오지병격
- 鬵 큰가마심
- 鬷 뭇종
- 鬻 죽죽

鬼部 (귀신귀)

- 鬼 귀신귀
- 魁 으뜸귀
- 魂 혼혼
- 魅 신발
- 魃 가뭄귀

十一畵

魚部

字	魄	魅	魁	魍	魑	魏	魋	魔	魘
音義	넋 백	도깨비 미	산도깨비 망	산도깨비 량	산도깨비 리	위나라 위	산도깨비 비	마귀 마	꿈에놀랄 염

字	魚	魯	鮊
音義	고기 어	나라 로	병어 방

字	鮃	鰤	鮎	鮏	鮑	鮚	鮒	鮓	鮪	鮫	鮭	鮮	鮹
音義	가자미 병	방어 불	은어 점	비릴 성	복 태	절인생 포	붕어 부	젓갈 지	상어 유	상어 교	복생선 해	맑을 선	문어 소

字	鯁	鯉	鯊	鯔	鯖	鯛	鯡	鯢	鰻	鯥	鯨	鰆	鰈
音義	고기뼈 경	잉어 리	상어 사	숭어 치	고등어 청	도미 조	청어 비	도롱뇽 예	뱀장어 역	능육어 륙	고래 경	상어 준	넙치 접

十一畫

魚部

魄	넋 백
魅	도깨비 미
魍	산도깨비 망
魎	산도깨비 량
魏	위나라 위
魑	산도깨비 리
魔	마귀 마
魘	꿈에놀랄 염

魚	고기 어
魯	나라 로
魴	병어 방

鮃	가자미 병
鯡	방어 불
鮎	은어 점
鮏	비릴 성
鮐	복 태
鮑	절인생선 포
鮒	붕어 부
鮨	젓갈 지
鮪	상어 유
鮫	상어 교
鮭	복생선 해
鮮	맑을 선
鮹	문어 소

鯁	고기뼈 경
鯉	잉어 리
鯊	상어 사
鯔	숭어 치
鯖	고등어 청
鯛	도미 조
鯡	청어 비
鯢	도롱뇽 예
鰻	뱀장어 역
鯥	능욱어 룩
鯨	고래 경
鱒	상어 준
鰈	넙치 접

鰹	鮱	鰮	鰭	鯨	鰤	鰕	鰓	鰒	鰍	鮪	鰊	鰉
큰가물치견	진어제	멸치온	지느러미기	홀아비환	새우사	새우하	아가미새	전복복	미꾸리추	미꾸리추	고기이름전	전어전

鳧	鳥	鳥部	鱸	鱠	鰧	鱧	鱗	鱒	鱏	鱈	鰻	鯵
오리부	새조		농어로	어포양	연어서	가물치례	비늘린	송어준	코긴고기심	대구설	뱀장어만	비릴소

鴦	鴣	鴛	鴕	鴒	鴉	鴇	鴆	鴃	鳶	鳴	鳳	鳩
암원앙새앙	월나라새고	원앙새원	타조타	할미새령	갈가마귀아	너새보	짐새짐	때까치격	솔개연	울명	새봉	비둘기구

鰹	큰가물치 견
鯳	진어제
鰮	멸치온
鰭	지느러미 기
鯇	홀아비 환
鰤	새우사
鰕	새우하
鰓	아가미 새
鰒	전복복
鰍	미꾸리 추
鮋	미꾸리 추
鰊	고기이름 전
鰉	전어전

鳥部

鳧	오리부
鳥	새조
鱸	농어로
鱶	어포양
鱮	연어서
鱧	가물치 례
鱗	비늘린
鱒	송어준
鱏	코긴고기 심
鱈	대구설
鰻	뱀장어 만
鯵	비릴소

鴦	암원앙 새앙
鵠	월나라새 고
鴛	원앙새 원
鴕	타조타
鴒	할미새 령
鴉	갈가마귀 아
鴇	너새보
鴆	짐새짐
鴃	때까치 격
鳶	솔개연
鳴	울명
鳳	새봉
鳩	비둘기 구

鵾	鶉	鵲	鵯	鵡	鵠	鵝	鵑	鵜	鴟	鴻	鴚	鴨
고니곤	메추라기순	까치작	까마귀비	앵무새무	고니혹	거위아	두견새견	사다새제	솔개치	기러기홍	백구행	집오리압

鸚	鷺	鷹	鶖	鷲	鶠	鷙	鷗	鷸	鶺	鶴	鶯	鶩
앵무앵	백로로	매응	총새홀	취독수리	새이름번	지모진새	구갈매기	꿩자월나라척	척할미새	학학	앵꾀꼬리	목집오리

麓	麒	麑	麋	塵	鹿		鹽	鹼	鹹	鹵		鸞
록산기슭	기암기린	예사슴새끼	미고라니	신티끌	사슴록	鹿 部	소금염	잿물검	짤함	소금로	鹵 部	새란푸른봉

鵾	고니 곤
鶉	메추라기 순
鵲	까치 작
鵯	까마귀 비
鵡	앵무새 무
鵠	고니 혹
鵝	거위 아
鵑	두견새 견
鵜	사다새 제
鴟	솔개 치
鴻	기러기 홍
鶬	백구 행
鴨	집오리 압

鸚	앵무 앵
鷺	백로 로
鷹	매 응
鶖	총새 흘
鷲	독수리 취
鷭	새이름 번
鷙	진새 지
鷗	갈매기 구
鷓	꿩자라 자
鷻	월나라 월
鶺	할미새 척
鶴	학 학
鶯	꾀꼬리 앵
鶩	집오리 목

麓	산기슭 록
麒	암기린 기
麞	노루 기
麋	고라니 미
塵	티끌 신
鹿	사슴 록
	鹿 部
鹽	소금 염
鹼	잿물 감
鹹	짤 함
鹵	소금 로
	鹵 部
鸞	푸른봉새 란

十二畫

麻部・麥部・麻部

麗	빛날려
麝	사향사 / 습사
麟	기린린
麤	거칠추
麥	보리맥 (麥部)
麩	밀기울부
麪	밀가루면
麭	밀가루떡포
麴	누룩국
麻	삼마 (麻部)
麼	작을마

麾・黃部・黍部・黑部

麾	대장기휘
黃	누르황 (黃部)
黌	학교횡
黍	기장서 (黍部)
黎	검을려
黏	차질점
黐	새잡는풀리
黑	검을흑 (黑部)
黔	검을검

黹部

默	잠잠묵
黛	그린눈썹대
點	점점
黥	자자경
黨	무리당
黯	깊게검을암
黴	사마귀미
徽	곰팡이미
黷	흐릴독
黹	바느질할치 (黹部)
黻	보불불
黼	보불보

麗 빛날려	麝 사향사 향사	麟 기린린	麤 거칠추		麥 보리맥	麩 밀가루 부	麪 밀가루 면	麭 밀기울 떡포	麴 누룩국		麻 삼 마	麼 작을마
			麥 部							麻 部		

麿 휘 대장기		黃 누르황	黌 학교횡	黍 기장서	黎 검을려	黏 차질점	黐 새잡는 풀리	黑 검을흑	黔 검을검
	黃 部			黍 部			黑 部		

默 잠잠묵	黛 그린눈 썹대	點 점 점	黥 자자경	黨 무리당	黯 깊게검 을암	黴 곰팽이 미	黻 사마귀 염	黷 흐릴독	黹 바느질 할치	黻 보불불	黻 보불 보
									黹 部		

十三畫

龜部	
黽	맹꽁이 맹
鼇	큰자라 오
鼈	자라 별
鼎部	
鼎	솥 정
鼓部	
鼓	북 공
鼕	북소리 동
鼖	말타고치 비
鼙	눈북 비
鼠部	
鼠	쥐 서

十四畫

鼬	족제비 유
鼯	날다람 오
鼷	새앙쥐 혜
鼻部	
鼻	코 비
鼾	코골 한
齁	코골 후
齅	냄새맡을 후
齊部	
齊	가지런할 제
齋	제계할 재
齎	가질 재

十五畫 · 十六畫

齒部	
齒	이 치
齔	이갈 츤
齟	이아니맞을 저
齡	나이 령
齣	구절 구
齪	악착할 착
齧	씹을 설
齬	이아니맞을 어
齵	잇병 우
齲	악착할 악
齷	악

十三畫

龜部		
黽 맹 맹꽁이		
鼇 오 큰자라		
鼈 별 자라별		

鼎部	
鼎 정 솥	

鼓部		
鼓 고 북		
鼛 동 북소리		
鼖 분 말타고치는북비		

鼠部	
鼠 서 쥐	

十四畫

鼬 유 족제비유	鼯 오 날다람쥐오	鼷 혜 새앙쥐혜

鼻部		
鼻 비 코		
鼾 한 코골한		
齁 후 코골후		
齅 후 냄새맡을후		

齊部		
齊 제 가지런할제		
齋 재 제계할재		
齎 재 가질재		

十五畫

齒部	
齒 치 이	
齗 은 이갈은	
齟 저 이아니맞을저	
齡 령 나이령	
齣 구 구절구	
齪 착 악착할착	
齧 설 씹을설	
齬 어 이아니맞을어	
齲 우 잇병우	

十六畫

齷 악 악착할악	

龍 部

龠			龜	龕	龔	龐	龍	龍 部
피리약			거북귀	감실감	줄 공	높은집 방	용 룡	
		十七畫						
	龠 部		龜 部					

			侖 피리약		十七畫	龜 거북귀	龕 감실감	龔 줄 공	龐 높은집 방	龍 용 룡	龍 部

조화원약 평주

신비한 동양철학 35

명리학의 정통교본!

이 책은 자평진전, 난강망, 명리정종, 적천수 등과 함께 명리학의 교본에 해당하는 것으로 중국 청나라 때 나온 난강망이라는 책을 서낙오 선생께서 설명을 붙인 것이다. 기존의 많은 책들이 격국과 용신으로 감정하는 것과는 달리 십간십이지와 음양오행을 각각 자연의 이치와 춘하추동의 사계절의 흐름에 대입하여 인간의 길흉화복을 알 수 있게 했다.

· 동하 정지호 편역

용의 혈·풍수지리 실기 100선

신비한 동양철학 30

실전에서 실감나게 적용하는 풍수지리의 길잡이!

이 책은 풍수지리 문헌인 조선조 고무엽(古務葉) 태구승(泰九升) 부집필(父輯筆)로 된 만두산법(巒頭山法), 채성우의 명산론(明山論), 금랑경(錦囊經) 등을 알기 쉬운 주제로 간추려 풍수지리의 길잡이가 되고자 했다. 그리고 인간의 뿌리와 한 사람의 고유한 이름의 중요싱을 풍수지리와 연관하여 살펴보아야 히기 때문에 씨족의 시조와 본관, 작명론(作名論)을 같이 편집했다.

· 호산 윤재우 저

천직·사주팔자로 찾은 나의 직업

신비한 동양철학 34

역경없이 탄탄하게 성공할 수 있는 방법!

잘 되겠지 하는 막연한 생각으로 의욕만 갖고 도전하는 것과 나에게 맞는 직종은 무엇이고 때는 언제인가를 알고 도전하는 것은 근본적으로 다르고, 결과 또한 다르다. 더구나 요즈음은 I.M.F.시대라 하여 모든 사람들이 정신까지 위축되어 생기를 잃어가고 있다. 이런 때 의욕만으로 팔자에도 없는 사업을 시작했다고 하자, 결과는 불을 보듯 뻔하다. 그러므로 이런 때일수록 침착과 냉정을 찾아 내 그릇부터 알고, 생활에 대처하는 지혜로움을 발휘해야 한다.

· 백우 김봉준 저

통변술해법

신비한 동양철학 ㉑

가닥가닥 풀어내는 역학의 비법!

이 책은 역학에 대해 다 알면서도 밖으로 표출되지 않아 어려움을 겪는 사람들을 위한 실습서다. 특히 틀에 박힌 교과서적인 역술의 고정관념에서 벗어나, 한차원 높게 공부할 수 있도록 원리통달을 설명하는데 중점을 두었다. 실명감정과 이론강의라는 두 단락으로 나누어 역학의 진리를 설명했기 때문에 누구나 쉽게 이해할 수 있다. 역학계의 대가 김봉준 선생의 역서 「알기쉬운 해설·말하는 역학」의 후편이다.

· 백우 김봉준 저

주역육효 해설방법 上·下

신비한 동양철학 38

한 번만 읽으면 주역을 활용할 수 있는 책!

이 책은 주역을 해설한 것으로, 될 수 있는 한 여러 가지 사설을 덧붙이지 않고 주역을 공부하고 활용하는데 필요한 요건만을 기록했다. 따라서 주역의 근원이나 하도낙서, 음양오행에 대해서도 많은 설명을 자제했다. 다만 누구나 이 책을 한 번 읽어서 주역을 이해하고 활용할 수 있도록 하는데 중점을 두었다.

· 원공선사 저

사주명리학 핵심

신비한 동양철학 ⑲

맥을 잡아야 모든 것이 보인다!

이 책은 잡다한 설명을 배제하고 명리학자들에게 도움이 될 비법만을 모아 엮었기 때문에 초심자가 이해하기에는 다소 어려운 부분도 있겠지만 기초를 튼튼히 한 다음 정독한다면 충분히 이해할 것이다. 신살만 늘어놓으며 감정하는 사이비가 되지말기를 바란다.

· 도관 박흥식 저

이렇게 하면 좋은 운이 온다

신비한 동양철학 ㉗

한 가정에 한 권씩 놓아두고 볼만한 책!

좋은 운을 부르는 방법은 방위·색상·수리·년운·월운·날짜·시간·궁합·이름·직업·물건·보석·맛·과일·기운·마을·가축·성격 등을 정확하게 파악하여 자신에게 길한 것은 취하고 흉한 것은 피하면 된다. 간혹 예외인 경우가 있지만 극소수에 불과하고 대부분은 적중하기 때문에 좋은 효과를 본다. 이 책의 저자는 신학대학을 졸업하고 역학계에 입문했다는 특별한 이력을 갖고 있기 때문에 더 많은 화제가 되고 있다.

·역산 김찬동 저

말하는 역학

신비한 동양철학 ⑪

신수를 묻는 사람 앞에서 말문이 술술 열린다!

이 책은 그토록 어렵다는 사주통변술을 이해하기 쉽고 흥미롭게 고담과 덕담을 곁들여 사실적인 인물을 궁금해 하는 사람에게 생동감있게 통변하고 있다. 길흉작용을 어떻게 표현하느냐에 따라 상담자의 정곡을 찔러 핵심을 끄집어내고 여기에 대한 정답을 내려주는 것이 통변술이다. 역학계의 대가 김봉준 선생의 역작이다.

·백우 김봉준 저

술술 읽다보면 통달하는 사주학

신비한 동양철학 ㉗

술술 읽다보면 나도 어느새 도사 !

당신은 당신 마음대로 모든 일이 이루어지던가. 지금까지 누구의 명령을 받지 않고 내 맘대로 살아왔다고, 운명 따위는 믿지도 않고 매달리지 않는다고, 이렇게 말하는 사람들이 많다. 그러나 그것은 우주법칙을 모르기 때문에 하는 소리다.

· 조철현 저

참역학은 이렇게 쉬운 것이다

신비한 동양철학 ㉔

음양오행의 이론으로 이루어진 참역학서 !

수학공식이 아무리 어렵다고 해도 1, 2, 3, 4, 5, 6, 7, 8, 9, 0의 10개의 숫자로 이루어졌듯이, 사주도 음양과 목, 화, 토, 금, 수의 오행으로 이루어졌을 뿐이다. 그러니 용신과 격국이라는 무거운 짐을 벗어버리고 음양오행의 법칙과 진리만 정확하게 파악하면 된다. 사주는 단지 음양오행의 변화일 뿐이고, 용신과 격국은 사주를 감정하는 한가지 방법에 지나지 않는다.

· 청암 박재현 저

동양철학전문출판 | 삼한

나의 천운 운세찾기

신비한 동양철학 ⑫

놀랍다는 몽골정통 토정비결 !

이 책은 역학계의 대가 김봉준 선생이 놀랍다는 몽골토정비결을 연구 ·분석하여 우리의 인습 및 체질에 맞게 엮은 것이다. 운의 흐름을 알리고자 호운과 쇠운을 강조했으며, 현재의 나를 조명해보고 판단할 수 있도록 했다. 모쪼록 생활서나 안내서로 활용하기 바란다.

· 백우 김봉준 저

쉽게푼 역학

신비한 동양철학 ❷

쉽게 배워서 적용할 수 있는 생활역학서 !

이 책에서는 좀더 많은 사람들이 역학의 근본인 우주의 오묘한 진리와 법칙을 깨달아 보다 나은 삶을 영위하는데 도움이 될 수 있도록 가장 쉬운 언어와 가장 쉬운 방법으로 풀이했다. 역학계의 대가 김봉준 선생의 역작이다.

· 백우 김봉준 저

이름이 운명을 바꾼다

신비한 동양철학 ㉕

이름은 제2의 자신이다 !

이름에는 각각 고유의 뜻과 기운이 있어서 그 기운이 성격을 만들고 그 성격이 운명을 만든다. 나쁜 이름은 부르면 부를수록 불행을 부르고 좋은 이름은 부르면 부를수록 행복을 부른다. 만일 이름이 거지 같다면 아무리 운세를 잘 만나도 밥을 좀더 많이 얻어 먹을 수 있을 뿐이다. 이 책의 저자는 신학대학을 졸업하고 역학계에 입문했다는 특별한 이력을 갖고 있기 때문에 더 많은 화제가 되고 있다.

· 역산 김찬동 저

작명해명

신비한 동양철학 ㉖

누구나 쉽게 배워서 활용할 수 있는 체계적인 작명법 !

일반적인 성명학으로는 알 수 없는 한자이름, 한글이름, 영문이름, 예명, 회사명, 상호, 상품명 등의 작명방법을 여러 사례를 들어 체계적으로 분석하여 누구나 쉽게 배워서 활용할 수 있도록 서술했다.

· 도관 박흥식 저

관상오행

신비한 동양철학 ⑳

한국인의 특성에 맞는 관상법 !

좋은 관상인 것 같으나 실제로는 나쁘거나 좋은 관상이 아닌데도 잘 사는 사람이 왕왕있어 관상법 연구에 흥미를 잃는 경우가 있다. 이것은 중국의 관상법만을 익히고, 우리의 독특한 환경적인 특징을 소홀히 다루었기 때문이다. 이에 우리 한국인에게 알맞는 관상법을 연구하여 누구나 관상을 쉽게 알아보고 해석할 수 있도록 자세하게 풀어놓았다.

• 송파 정상기 저

물상활용비법

신비한 동양철학 31

물상을 활용하여 오행의 흐름을 파악한다 !

이 책은 물상을 통하여 오행의 흐름을 파악하고, 운명을 감정하는 방법을 연구한 책이다. 추명학의 해법을 연구하고 운명을 추리하여 오행에서 분류되는 물질의 운명 줄거리를 물상의 기물로 나들이 하는 활용법을 주제로 했다. 팔자풀이 및 운명해설에 관한 명리감정법의 체계를 세우는데 목적을 두고 초점을 맞추었다.

• 해주 이학성 저

운세십진법 · 本大路

신비한 동양철학 ❶

운명을 알고 대처하는 것은 현대인의 지혜다!

타고난 운명은 분명히 있다. 그러니 자신의 운명을 알고 대처한다면 비록 운명을 바꿀 수는 없지만 충분히 향상시킬 수 있다. 이것이 사주학을 알아야 하는 이유다. 이 책에서는 자신이 타고난 숙명과 앞으로 펼쳐질 운명행로를 찾을 수 있도록 운명의 기초를 초연하게 설명하고 있다.

· 백우 김봉준 저

국운 · 나라의 운세

신비한 동양철학 ㉒

역으로 풀어본 우리나라의 운명과 방향!

아무리 서구사상의 파고가 높다하기로 오천년을 한결같이 가꾸며 살아온 백두의 혼이 와르르 무너지는 지경에 왔어도 누구하나 입을 열어 말하는 사람이 없으니 답답하다. IMF라는 특수한 상황에서 불확실한 내일에 대한 해답을 이 책은 명쾌하게 제시하고 있다.

· 백우 김봉준

명인재

신비한 동양철학 43

신기한 사주판단 비법 !

살(殺)의 활용방법을 완벽하게 제시하는 책!

이 책은 오행보다는 주로 살을 이용하는 비법이다. 시중에 나온 책들을 보면 살에 대해 설명은 많이 하면서도 실제 응용에서는 무시하고 있다. 이것은 살을 알면서도 응용할 줄 모르기 때문이다. 그러나 이 책에서는 살의 활용방법을 완전히 터득해, 어떤 살과 어떤 살이 합하면 어떻게 작용하는지를 자세하게 설명하고 있다.

· 원공선사 지음

사주학의 방정식

신비한 동양철학 18

가장 간편하고 실질적인 역서 !

이 책은 종전의 어려웠던 사주풀이의 응용과 한문을 쉬운 방법으로 터득할 수 있게 하는데 목적을 두었고, 역학의 내용이 어떤 것이며 무엇이 어디에 속하는지를 알고자 하는데 있다.

· 김용오 저

원토정비결

신비한 동양철학 53

반쪽으로만 전해오는 토정비결의 완전한 해설판

지금 시중에 나와 있는 토정비결에 대한 책들을 보면 옛날부터 내려오는 완전한 비결이 아니라 반쪽의 책이다. 그러나 반쪽이라고 말하는 사람이 없다. 그것은 주역의 원리를 모르기 때문이다. 따라서 늦은 감이 없지 않으나 앞으로의 수많은 세월을 생각하면서 완전한 해설본을 내놓기로 한 것이다.

· 원공선사 저

내가 보고 내가 바꾸는 DIY사주

신비한 동양철학 40

내가 보고 내가 바꾸는 사주비결！

이 책은 기존의 책들과는 달리 한 사람의 사주를 체계적으로 도표화시켜 한 눈에 파악할 수 있고, DIY라는 책 제목에서 말하듯이 개운하는 방법을 제시하고 있다. 초심자는 물론 전문가도 자신의 이론을 새롭게 재조명해 볼 수 있는 케이스 스터디 북이다.

· 석오 전 광 지음

남사고의 마지막 예언

신비한 동양철학 29

이 책으로 격암유록에 대한 논란이 끝나기 바란다

감히 이 책을 21세기의 성경이라고 말한다. 〈격암유록〉
은 섭리가 우리민족에게 준 위대한 복음서이며, 선물이
며, 꿈이며, 인류의 희망이다. 이 책에서는 〈격암유록〉
이 전하고자 하는 바를 주제별로 정리하여 문답식으로
풀어갔다. 이 책으로 〈격암유록〉에 대한 논란은 끝나기
바란다.

· 석정 박순용 저

진짜부적 가짜부적

신비한 동양철학 7

부적의 실체와 정확한 제작방법

인쇄부적에서 가짜부적에 이르기까지 많게는 몇백만원
에 팔리고 있다는 보도를 종종 듣는다. 그러나 부적은
정확한 제작방법에 따라 자신의 용도에 맞게 스스로
만들어 사용하면 훨씬 더 좋은 효과를 얻을 수 있다.
이 책은 중국에서 정통부적을 연구한 국내유일의 동양
오술학자가 밝힌 부적의 실체와 정확한 제작방법을 소
개하고 있다.

· 오상익 저

한눈에 보는 손금

신비한 동양철학 52

논리정연하며 바로미터적인 지침서

이 책은 수상학의 연원을 초월해서 동서합일의 이론으로 집필했다. 그야말로 완벽하리만치 논리정연한 수상학을 정리한 것이다. 그래서 운명적, 철학적, 동양적, 심리학적인 면을 예증과 방편에 이르기까지 아주 상세하게 기술했다. 이 책은 수상학이라기 보다 한 인간의 바로미터적인 지침서 역할을 해줄 것이다. 독자 여러분의 꾸준한 연구와 더불어 인생성공의 지침서가 될 수 있을 것이다.

· 정도명 저

만세력 | 사륙배판·신국판
사륙판·포켓판

신비한 동양철학 45

찾기 쉬운 만세력

이 책은 완벽한 만세력으로 만세력 보는 방법을 자세하게 설명했다. 그리고 역학에 대한 기본적인 내용과 결혼하기 좋은 나이·좋은 날·좋은 시간, 아들·딸 태아감별법, 이사하기 좋은 날·좋은 방향 등을 부록으로 실었다.

· 백우 김봉준 지

수명비결

신비한 동양철학 14

주민등록번호 13자로 숙명의 정체를 밝힌다

우리는 지금 무수히 많은 숫자의 거미줄에 매달려 허우적거리며 살아가고 있다. 1분·1초가 생사를 가름하고, 1등·2등이 인생을 좌우하며, 1급·2급이 신분을 구분하는 세상이다. 이 책은 수명리학으로 13자의 주민등록번호로 명예, 재산, 건강, 수명, 애정, 자녀운 등을 미리 읽어본다.

· 장충한 저

운명으로 본 나의 질병과 건강상태

신비한 동양철학 9

타고난 건강상태와 질병에 대한 대비책

이 책은 국내 유일의 동양오술학자가 사주학과 더불어 정통명리학의 양대산맥을 이루는 자미두수 이론으로 임상실험을 거쳐 작성한 표준자료다. 따라서 명리학을 응용한 최초의 완벽한 의학서로 질병을 예방하고 치료하는데 활용한다면 최고의 의사가 될 것이다. 또한 예방의학적인 차원에서 건강을 유지하는네 훌륭한 지침서로 현대의학의 새로운 장을 여는 계기가 될 것이다.

· 오상익 저

오행상극설과 진화론

신비한 동양철학 5

인간과 인생을 떠난 천리란 있을 수 없다

과학이 현대를 설정하여 설명하고 있으나 원리는 동양철학에도 있기에 그 양면을 밝히고자 노력했다. 우주에서 일어나는 모든 일을 과학으로 설명될 수는 없다. 비과학적이라고 하기보다는 과학이 따라오지 못한다고 설명하는 것이 더 솔직하고 옳은 표현일 것이다. 특히 과학분야에 종사하는 신의사가 저술했다는데 더 큰 화제가 되고 있다.

· 김태진 저

사주학의 활용법

신비한 동양철학 17

가장 실질적인 역학서

우리가 생소한 지방을 여행할 때 제대로 된 지도가 있다면 편리하고 큰 도움이 되듯이 역학이란 이와같은 인생의 길잡이다. 예측불허의 인생을 살아가는데 올바른 안내자나 그 무엇이 있다면 그 이상 마음 든든하고 큰 재산은 없을 것이다.

· 하선 류래웅 저

쉽게 푼 주역

신비한 동양철학 10

귀신도 탄복한다는 주역을 쉽고 재미있게 풀어놓은 책

주역이라는 말 한마디면 귀신도 기겁을 하고 놀라 자
빠진다는데, 운수와 일진이 문제가 될까. 8×8=64괘라
는 주역을 한 괘에 23개씩의 회답으로 해설하여 1472괘
의 신비한 해답을 수록했다. 당신이 당면한 문제라면
무엇이든 해결할 수 있는 열쇠가 이 한 권의 책 속에
있다.

· 정도명 저

핵심 관상과 손금

신비한 동양철학 54

사람을 볼 줄 아는 안목과 지혜를 알려주는 책

오늘과 내일을 예측할 수 없을만큼 복잡하게 펼쳐지는
현실에서 살아남기 위해서는 사람을 볼줄 아는 안목과
지혜가 필요하다. 시중에 관상학에 대한 책들이 많이
나와있지만 너무 형이상학적이라 전문가도 이해하기
어렵다. 이 책에서는 누구라도 쉽게 보고 이해할 수 있
도록 핵심만을 파악해서 설명했다.

· 백우 김봉준 저

진짜궁합 가짜궁합

신비한 동양철학 8

남녀궁합의 새로운 충격

중국에서 연구한 국내유일의 동양오술학자가 우리나라 역술가들의 궁합법이 잘못되었다는 것을 학술적으로 분석·비평하고, 전적과 사례연구를 통하여 궁합의 실체와 타당성을 분석했다. 합리적인 「자미두수궁합법」과 「남녀궁합」 및 출생시간을 몰라 궁합을 못보는 사람들을 위하여 「지문으로 보는 궁합법」 등을 공개한다.

· 오상익 저

좋은꿈 나쁜꿈

신비한 동양철학 15

그날과 앞날의 모든 답이 여기 있다

개꿈이란 없다. 꿈은 반드시 미래를 예언한다. 이 책은 프로이드의 정신분석학적인 입장이 아닌 미래판단의 근거에 입각한 예언적인 해몽학이다. 여러 형태의 꿈을 체계적으로 정리했으니 올바른 해몽법으로 앞날을 지혜롭게 대처해 보자. 모쪼록 각 가정에서 한 권씩 두고 이용하면 생활하는데 많은 도움이 될 것이다.

· 학선 류래웅 저

완벽 만세력

신비한 동양철학 58

착각하기 쉬운 썸머타임 2도 인쇄

시중에 많은 종류의 만세력이 나와있지만 이 책은 단순한 만세력이 아니라 완벽한 만세경전으로 만세력 보는 법 등을 실었기 때문에 처음 대하는 사람이라도 쉽게 볼 수 있도록 편집되었다. 또한 부록편에는 사주명리학, 신살종합해설, 결혼과 이사택일 및 이사방향, 길흉보는 법, 우주천기와 한국의 역사 등을 수록했다.

· 백우 김봉준 저

주역·토정비결

신비한 동양철학 40

토정비결의 놀라운 비결

지금 시중에 나와 있는 토정비결에 대한 책들을 보면 옛날부터 내려오는 완전한 비결이 아니라 반쪽의 책이다. 그러나 반쪽이라고 말하는 사람이 없다. 그것은 주역의 원리를 모르기 때문이다. 따라서 늦은 감이 없지 않으나 앞으로의 수많은 세월을 생각하면서 완전한 해설본을 내놓기로 했다.

· 원공선사 저

현장 지리풍수

신비한 동양철학 48

현장감을 살린 지리풍수법

풍수를 업으로 삼는 사람들이 진(眞)과 가(假)를 분별할 줄 모르면서 24산의 포태사묘의 법을 익히고는 많은 법을 알았다고 자부하며 뽐내고 있다. 그리고는 재물에 눈이 어두워 불길한 산을 길하다 하고, 선하지 못한 물(水)을 선하다 하면서 죄를 범하고 있다. 이는 분수 밖의 것을 망녕되게 바라기 때문이다. 마음 가짐을 바로하고 고대 원전에 공력을 바치면서 산간을 실사하며 적공을 쏟으면 정교롭고 세밀한 경지를 얻을 수 있을 것이다.

· 전항수 · 주관장 편저

완벽 사주와 관상

신비한 동양철학 55

사주와 관상의 핵심을 한 권에

자연과 인간, 음양(陰陽)오행과 인간, 사계와 절후, 인상(人相)과 자연, 신(神)들의 이야기 등등 우리들의 삶과 관계되는 사실적 관계로만 역(易)을 설명해 누구나 쉽게 이해할 수 있도록 썼으며 특히 역(易)에 대한 관심과 흥미를 갖게 하고자 인상학(人相學)을 추록했다. 여기에 추록된 인상학(人相學)은 시중에서 흔하게 볼 수 있는 상법(相法)이 아니라 생활상법(生活相法) 즉 삶의 지식과 상식을 드리고자 했으니 생활에 유익함이 있기를 바란다.

· 김봉준 · 유오준 공저

해몽 · 해몽법

신비한 동양철학 50

해몽법을 알기 쉽게 설명한 책

인생은 꿈이 예지한 시간적 한계에서 점점 소멸되어 가는 현존물이기 때문에 반드시 꿈의 뜻을 따라야 한다. 이것은 꿈을 먹고 살아가는 인간 즉 태몽의 끝장면인 죽음을 향해 달려가고 있는 인간이기 때문이다. 꿈은 우리의 삶을 이끌어가는 이정표와도 같기에 똑바로 가도록 노력해야 한다.

·김종일 저

역점

신비한 동양철학 57

우리나라 전통 행운찾기

주역을 무조건 미신으로 치부해버리는 생각은 버려야 한다. 주역이 점치는 책에만 불과했다면 벌써 그 존재가 없어졌을 것이다. 그러나 오랫동안 많은 학자가 연구를 계속해왔고, 그 속에서 자연과학과 형이상학적인 우주론과 인생론을 밝혀, 정치·경제·사회 등 여러 방면에서 인간의 생활에 응용해왔고, 삶의 지침서로써 그 역할을 했다. 이 책은 한 번만 읽으면 누구나 역점가가 될 수 있으니 생활에 도움이 되길 바란다.

·문명상 편저

명리학연구

신비한 동양철학 59

체계적인 명확한 이론

이 책은 명리학 연구에 핵심적인 내용만을 모아 하나
의 독립된 장을 만들었다. 명리학은 분야가 넓어 공부
를 하다보면 주변에 머무르는 경우가 많아, 주요 내용
을 잃고 헤매는 경우가 많다. 그러므로 뼈대를 잡는 것
이 중요한데, 여기서는 「17장. 명리대요」에 핵심 내용
을 모아 학문의 체계를 잡는데 용이하게 하였다.

· 권중주 저

쉽게 푼 풍수

신비한 동양철학 60

현장에서 활용하는 풍수지리법

산도는 매우 광범위하고, 현장에서 알아보기 힘들다.
더구나 지금은 수목이 울창해 소조산 정상에 올라가도
나무에 가려 국세를 파악하는데 애를 먹는다. 그러므로
사진을 첨부하니 많은 도움이 되길 바란다. 물론 결록
에 있고 산도가 눈에 익은 것은 혈 사진과 함께 소개하
니 참고하기 바란다. 이 책을 열심히 정독하면서 답산
하면 혈을 알아보고 용산도 할 수 있을 것이다.

· 전항수 · 주장관 편저

동양철학전문출판 | 삼한

올바른 작명법

신비한 동양철학 61

세상의 부모들에게 가장 소중한 것이 무엇이냐고 물으면 누구든 자녀라고 할 것이다. 그런데 왜 평생을 좌우할 이름을 함부로 짓는가. 이름이 얼마나 소중한지를. 이름의 오행작용이 사람의 일생을 어떻게 좌우하는지를 모르기 때문이다. 세상만물은 음양오행의 영향을 받지 않는 것이 없다. 봄이 가면 여름이 오고, 여름이 가면 가을이 오고, 가을이 가면 겨울이 오고, 겨울이 가면 봄이 오는 것 또한 음양오행의 원리다.

· 이정재 저

신수대전

신비한 동양철학 62

흉함을 피하고 길함을 부르는 방법

신수를 보는 방법은 여러 가지가 있는데 대부분이 주역과 사주추명학에 근거를 둔다. 수많은 학설 중에서 몇 가지를 보면 사주명리, 자미두수, 관상, 점성학, 구성학, 육효, 토정비결, 매화역수, 대정수, 초씨역림, 황극책수, 하락리수, 범위수, 월영도, 현무발서, 철판신수, 육임신과, 기문둔갑, 태을신수 등이다. 역학에 정통한 고사가 아니면 제대로 추단하기 어려운데 엉터리 술사들이 넘쳐난다. 그래서 누구나 자신의 신수를 볼 수 있도록 몇 가지를 정리했다.

· 도관 박흥식

음택양택

신비한 동양철학 63

현세의 운 · 내세의 운

이 책에서는 음양택명당의 조건이나 기타 여러 가지를 설명하여 산 자와 죽은 자의 행복한 집을 만들 수 있도록 했다. 특히 죽은 자의 집인 음택명당은 자리를 옳게 잡으면 꾸준히 생기를 발하여 흥하나, 그렇지 않으면 큰 피해를 당하니 돈보다도 행·불행의 근원인 음양택명당에 관심을 기울여야 한다.

· 전항수 · 주장관 지음

이런 집에 살아야 잘 풀린다

신비한 동양철학 64

운이 트이는 좋은 집 알아보는 비결

힘든 상황에서 내 가족이 지혜롭게 대처하고 건강을 지켜주는, 한마디로 운이 트이는 집은 모두의 꿈일 것이다. 가족이 평온하게 생활할 수 있는 집, 나가서는 발전을 가져다 줄 수 있는 그런 집이 있다면 얼마나 좋을까? 그런 소망에 한 걸음이라도 가까워지려면 막연하게 운만 기대해서는 안 된다. '호랑이를 잡으려면 호랑이 굴로 들어가라'는 속담이 있듯이 좋은 집을 가시려면 그만한 노력이 있어야 한다.

· 강현술 · 박흥식 감수

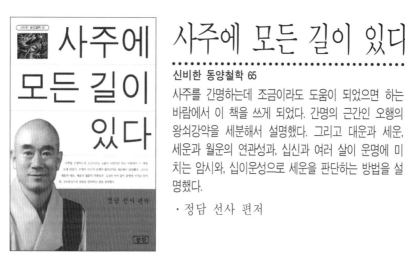

사주에 모든 길이 있다

신비한 동양철학 65

사주를 간명하는데 조금이라도 도움이 되었으면 하는 바람에서 이 책을 쓰게 되었다. 간명의 근간인 오행의 왕쇠강약을 세분해서 설명했다. 그리고 대운과 세운, 세운과 월운의 연관성과, 십신과 여러 살이 운명에 미치는 암시와, 십이운성으로 세운을 판단하는 방법을 설명했다.

· 정담 선사 편저

사주학

신비한 동양철학 66

5대 원서의 핵심과 실용

이 책은 사주학을 체계적으로 공부하려는 학도들을 위해 꼭 알아야 할 내용과 용어를 수록하는데 중점을 두었다. 이 학문을 공부하려고 찾아온 사람들에게 여러 가지 질문을 던져보면 거의 기초지식이 시원치 않다. 그런 상태로 사주를 읽으려니 제대로 될 리가 없다. 이 책으로 용어와 제반지식을 터득하면 빠른 시일에 소기의 목적을 이룰 수 있을 것이다.

· 글갈 정대엽 저

주역 기본원리

신비한 동양철학 67

주역의 기본원리를 통달할 수 있는 책

이 책에서는 기본괘와 변화와 기본괘가 어떤 괘로 변했을 경우 일어날 수 있는 내용들을 설명하여 주역의 변화에 대한 이해를 돕는데 주력하였다. 그러나 그런 내용을 구분할 수 있는 방법을 전부 다 설명할 수는 없기에 뒷장에 간단하게설명하였고, 다른 책들과 설명의 차이점도 기록하였으니 참작하여 본다면 조금이나마 도움이 될 것이다.

· 원공선사 편저

사주특강

신비한 동양철학 68

자평진전과 적천수의 재해석

이 책은 『자평진전(子平眞詮)』과 『적천수(滴天髓)』를 근간으로 명리학(命理學)의 폭넓은 가치를 인식하고, 실전에서 유용한 기반을 다지는데 중점을 두고 썼다. 일찍이 『자평진전(子平眞詮)』을 교과서로 삼고, 『적천수(滴天髓)』로 보완하라는 서낙오(徐樂吾)의 말에 깊이 공감한다.

청월 박상의 편저

동양철학전문출판 | 삼한

복을 부르는방법

신비한 동양철학 69

나쁜 운을 좋은 운으로 바꾸는 비결

개운하는 방법은 여러 가지가 있으나, 이 책의 비법은
축원문을 독송하는 것이다. 독송이란 소리내 읽는다는
뜻이다. 사람의 말에는 기운이 있는데, 이 기운은 자신
에게 돌아온다. 좋은 말을 하면 좋은 기운이 돌아오고,
나쁜 말을 하면 나쁜 기운이 돌아온다. 이 책은 누구나
어디서나 쉽게 비용을 들이지 않고 좋은 운을 부를 수
있는 방법을 실었다.

· 역산 김찬동 편저

인터뷰 사주학

신비한 동양철학 70

쉽고 재미있는 인터뷰 사주학

얼마전까지만 해도 사주학을 취급하는 사람들은 미신
을 다루는 부류로 취급되었다. 그러나 지금은 하루가
다르게 이 학문을 공부하는 사람들이 폭증하고 있는
것으로 보인다. 젊은 층에서 사주카페니 사주방이니 사
주동아리니 하는 것들이 만들어지고 그 모임이 활발하
게 움직이고 있다는 점이 그것을 증명해준다. 그뿐 아
니라 대학원에는 역학교수들이 점차로 증가하고 있다.

· 글갈 정대엽 편저

육효대전

신비한 동양철학 37

정확한 해설과 다양한 활용법

동양의 고전 중에서도 가장 대표적인 것이 주역이다. 주역은 옛사람들이 자연의 법칙을 거울삼아 인간이 생활을 영위해 나가는 처세에 관한 지혜를 무한히 내포하고, 피흉추길하는 얼과 슬기가 함축된 점서)인 동시에 수양·과학서요 철학·종교서라고 할 수 있다.

· 도관 박흥식 편저

사람을 보는 지혜

신비한 동양철학 73

관상학의 초보에서 완성까지

현자는 하늘이 준 명을 알고 있기에 부귀에 연연하지 않는다. 사람은 마음을 다스리는 심명이 있다. 마음의 명은 자신만이 소통하는 유일한 우주의 무형의 에너지이기 때문에 잠시도 잊으면 안된다. 관상학은 사람의 상으로 이런 마음을 살피는 학문이니 잘 이해하여 보다 나은 삶을 삶을 영위할 수 있도록 노력해야 한다.

· 이부길 편저

동양철학전문출판 | 삼한

명리학 | 재미있는 우리사주

신비한 동양철학 74

사주 세우는 방법부터 용어해설 까지‼

몇 년 전『사주에 모든 길이 있다』가 나온 후 선배 제현들께서 알찬 내용의 책다운 책을 접했다면서 매월 한 번만이라도 참 역학의 발전을 위하여 학술세미나를 열자는 제의를 받았다. 그러나 사주의 작성법을 설명하지 않아 독자들에게 많은 질타를 받고 뒤늦게 이 책을 출판하기로 결심했다. 이 책은 한글만 알면 누구나 역학과 가까워질 수 있도록 사주 세우는 방법부터 실제 간명, 용어해설에 이르기까지 분야별로 엮었다.

・정담 선사 편저

성명학 | 바로 이 이름

신비한 동양철학 75

사주의 운기와 조화를 고려한 이름짓기

사람은 누구나 타고난 운명, 즉 숙명이라는 것이 있다. 숙명인 사주팔자는 선천운이고, 성명은 후천운이 되는 것으로 이름을 지을 때는 타고난 운기와의 조화를 고려함이 중요하다. 따라서 역학에 대한 깊은 이해가 선행되어야 함은 지극히 당연한 일이다. 부연하면 작명의 근본은 타고난 사주에 운기를 종합적으로 분석하여 부족한 점을 보강하고 결점을 개선한다는 큰 뜻이 있다고 할 수 있다.

・정담 선사 편저

운을 잡으세요 | 개운비법

신비한 동양철학 76

염력강화로 삶의 문제를 해결한다!

염력(念力)이 강한 사람은 운명을 개척하며 행복하게 살고, 염력이 약한 사람은 운명의 노예가 되어 불행하게 살아간다. 때문에 행복과 불행은 누가 주는 것이 아니라 자기 자신이 만든다고 할 수 있다. 한 마디로 말해 의지의 힘, 즉 염력이 운명을 바꾸는 것이다. 이 책에서는 이러한 염력을 강화시켜 삶에서 일어나는 문제를 해결하는 방법을 알려준다. 누구나 가벼운 마음으로 읽고 실천한다면 반드시 목적을 이룰 수 있을 것이다.

· 역산 김찬동 편저

작명정론

신비한 동양철학 77

이름으로 보는 역대 대통령이 나오는 이치

사주팔자가 네 기둥으로 세워진 집이라면 이름은 그 집을 대표하는 문패라고 할 수 있다. 사람은 태어나면서 사주를 통해 운을 타고나고 이름이 주어진 순간부터 명(命)이 작용한다. 사주와 이름이 곧 운명을 결정한다는 것이다. 따라서 이름을 지을 때는 사주의 격에 맞추어야 한다. 사주 그릇이 작은 사람이 원대한 뜻의 이름을 쓰면 감당하지 못할 시련을 자초하게 되고 오히려 이름값을 못할 수 있다. 즉 분수에 맞는 이름으로 작명해야 하기 때문에 사주의 올바른 분석이 필요하다.

· 청월 박상의 편저

동양철학전문출판 | 삼한

원심수기 통증예방 관리비법

신비한 동양철학 78

쉽게 배워 적용할 수 있는 통증관리법

이 책을 세상에 내놓는 것은 우리 전통 민중의술도 세상의 그 어떤 의술에 못지 않게 아주 훌륭한 치료술이 있고 그 전통이 수백 년, 또는 수천 년을 내려오면서 전해지고 있는데 현재 사회를 보면 무조건 외국에서 들어온 것만이 최고라고 하는 식으로 하여 우리의 전통 민중의술을 뿌리째 버리려고 하는데 문제가 있는 것 같기에 우리것을 지키고자 하는데 그 첫째의 목적이 있다 할 수 있을 것이다.

· 원공 선사 저

사주비기

신비한 동양철학 79

역학으로 보는 대통령이 나오는 이치 !!

이 책에서는 고서의 이론을 근간으로 하여 근대의 사주들을 임상하여, 적중도에 의구심이 가는 이론들은 과감하게 탈피하고 통용될 수 있는 이론만을 수용했다. 따라서 기존 역학서의 아쉬운 부분들을 충족시키며 일반인도 열정만 있으면 누구나 자신의 운명을 감정하고 피흉취길할 수 있는 생활지침서로 활용할 수 있을 것이다.

청월 박상의 편저

찾기 쉬운 명당

신비한 동양철학 44

풍수지리의 모든 것 !

이 책은 가능하면 쉽게 풀려고 노력했고, 실전에 도움이 되도록 했다. 특히 풍수지리에서 방향측정에 필수인 패철(佩鐵)사용과 나경(羅經) 9층을 각 층별로 간추려 설명했다. 그리고 이 책에 수록된 도설, 즉 오성도, 명산도, 명당 형세도 내거수 명당도, 지각(枝脚)형세도, 용의 과협출맥도, 사대혈형(穴形) 와겸유돌(窩鉗乳突) 형세도 등은 국립중앙도서관에 소장된 문헌자료인 만산도단, 만산영도, 이석당 은민산도의 원본을 참조했다.

·호산 윤재우 저

명리입문

신비한 동양철학 41

명리학의 필독서 !

이 책은 자연의 기후변화에 의한 운명법 외에 명리학도들이 궁금해 했던 인생의 제반사들에 대해서도 상세하게 기술했다. 따라서 초보자부터 심도있게 공부한 사람들까지 세심히 읽고 숙독해야 하는 책이다. 특히 격국이나 용신뿐 아니라 십신에 대한 자세한 설명, 조후용신에 대한 보충설명, 인간의 제반사에 대해서는 독보적인 해설이 들어 있다. 초보자들에게는 더할 수 없이 훌륭한 길잡이가 될 것이다.

·동하 정지호 편역

동양철학전문출판 | 삼한

육효점 정론

신비한 동양철학 80

육효학의 정수!

이 책은 주역의 원전소개와 상수역법의 꽃으로 발전한 경방학을 같이 실어 독자들의 호기심을 충족시키는데 중점을 두었습니다. 주역의 원전으로 인화의 처세술을 터득하고, 어떤 사안의 답은 육효법을 탐독하여 찾으시기 바랍니다.

· 효명 최인영 편역

작명 백과사전

신비한 동양철학 81

36가지 이름짓는 방법과 선후천 역상법 수록

이름은 나를 대표하는 생명체이므로 몸은 세상을 떠날지라도 영원히 남는다. 성명운의 유도력은 후천적으로 가공 인수되는 후존적 수기로써 조성 운화되는 작용력이 있다. 선천수기의 운기력이 50%이면 후천수기도의 눈기력도50%이다. 이와 같이 성명운의 작용은 운로에 불가결한조건일 뿐 아니라, 선천명운의 범위에서 기능을 충분히 할 수 있다.

· 임삼업 편저 | 송충석 감수

사주대성

. . . .

신비한 동양철학 33

초보에서 완성까지

이 책은 과거 현재 미래를 모두 알 수 있는 비결을 실었다. 그러나 모두 터득한다는 것은 어려울 것이다.역학은 수천 년간 동방의 석학들에 의해 갈고 닦은 철학이요 학문이며, 정신문화로서 영과학적인 상수문화로서 자랑할만한 위대한 학문이다.

· 도관 박흥식 저

해몽정본

. . . .

신비한 동양철학 36

꿈의 모든 것 !

막상 꿈해몽을 하려고 하면 내가 꾼 꿈을 어디다 대입시켜야 할지 모를 경우가 많았을 것이다. 그러나 이 책은 찾기 쉽고, 명료하며, 최대한으로 많은 갖가지 예를 들었으니 꿈해몽을 하는데 어려움이 없을 것이다.

· 청암 박재현 저

적천수 정설

신비한 동양철학 82

적천수 원문을 쉽고 자세하게 해설

적천수(滴天髓)는 명나라 개국공신인 유백온(劉伯溫) 선생이 처음으로 저술한 후 여러 사람이 각각 자신의 주장을 내세워 해설하여 오늘날에는 많은 분량이 되었다. 그러나 원래 유백온(劉伯溫) 선생이 저술한 적천수(滴天髓)의 원문은 내용이 그렇게 많지가 않다. 저자는 적천수(滴天髓) 원문을 보고 30년 역학(易學)의 경험을 총동원하여 감히 해설해 보았다.

· 역산 김찬동 편역

궁통보감 정설

신비한 동양철학 83

궁통보감 원문을 쉽고 자세하게 해설

『궁통보감(窮通寶鑑)』은 5대원서 중에서 가장 이론적이며 사리에 맞는 책이라고 생각한다. 이 책은 조후(調候)를 중심으로 설명하며 간명한 것이 특징이다. 역학을 공부하는 학도들에게 도움을 주려고 먼저 원문에 음독을 단 다음 해설하였다. 그리고 예문은 서낙오(徐樂吾) 선생이 해설한 것을 그대로 번역하였고, 저자가 상담한 사람들의 사주와 점서에 있는 사주들을 실었다.

· 역산 김찬동 편역

왕초보 내 사주

신비한 동양철학 84

초보 입문용 역학서

이 책은 역학을 너무 어렵게 생각하는 초보자들에게 조금이나마 도움을 주고자 쉽게 엮으려고 노력했다. 이 책을 숙지한 후 역학(易學)의 5대 원서인『적천수(滴天髓)』,『궁통보감(窮通寶鑑)』,『명리정종(命理正宗)』,『연해자평(淵海子平)』,『삼명통회(三命通會)』에 접근한다면 훨씬 쉽게 터득할 수 있을 것이다. 이 책들은 저자가 이미 편역하여 삼한출판사에서 출간한 것도 있고, 앞으로 모두 갖출 것이니 많이 활용하기 바란다.

· 역산 김찬동 편저

스스로 공부하게 하는 방법과 천부적 적성

신비한 동양철학 85

내 아이를 성공시키고 싶은 부모들에게

자녀를 성공시키고 싶은 마음은 부자나 가난한 사람이나 모두 같을 것이다. 그러나 가난한 부모를 둔 아이들은 공부할 수 있는 환경이 열악하다. 빈익빈 부익부 현상이 배우는 아이들 때부터 시작되기 때문이다. 그러니 가난한 집 아이가 좋은 성적을 내기는 매우 어렵고, 원하는 학교에 들어가기도 어렵다. 그러나 실망하기에는 아직 이르다. 내 아이가 훌륭한 인재로 성장해 아름답고 멋진 삶을 살아가는 방법이 이 책에 있다.

· 청암 박재현 지음

동양철학전문출판 | 삼한

기문둔갑 비급대성

신비한 동양철학 86

기문의 정수

기문둔갑은 천문지리·인사명리·법술병법 등에 영험한 술수로 예로부터 은밀하게 특권층에만 전승되었다. 그러나 아쉽게도 기문을 공부하려는 이들에게 도움이 될만한 책이 거의 없다. 필자는 이 점이 안타까워 천견박식함을 돌아보지 않고 감히 책을 내게 되었다. 한 권에 기문학을 다 표현할 수는 없지만 이 책을 사다리 삼아 저 높은 경지로 올라간다면 제갈공명과 같은 지혜를 발휘할 수 있을 것이다.

· 도관 박흥식 편저

아호연구

신비한 동양철학 87

여러 가지 작호법과 실예 모음

필자는 오래 전부터 작명을 연구했다. 그러나 시중에 나와 있는 책에는 대부분 아호에 관해서는 전혀 언급하지 않았다. 그래서 아호에 관심이 있어도 자료를 구하지 못하는 분들을 위해 이 책을 내게 되었다. 아호를 짓는 것은 그리 대단하거나 복잡하지 않으니 이 책을 처음부터 끝까지 착실히 공부한다면 누구나 좋은 아호를 지어 쓸 수 있을 것이라고 생각한다.

· 임삼업 편저

점포, 이렇게 하면 부자됩니다

신비한 동양철학 88

부자되는 점포, 보는 방법과 만드는 방법

사업의 성공과 실패는 어떤 사업장에서 어떤 품목으로 어떤 사람들과 거래하느냐에 따라 판가름난다. 그리고 사업을 성공시키려면 반드시 몇 가지 문제를 살펴야 하는데 무작정 사업을 시작하여 실패하는 사람들이 많다. 그래서 이 책에서는 이러한 문제와 방법들을 조목조목 기술하여 누구나 성공하도록 도움을 주는데 주력하였다.

· 김도희 편저

새로 나온 완성 주역비결

신비한 동양철학 92

반쪽으로 전해오는 토정비결을 완전하게 해설

지금 시중에 나와 있는 토정비결에 대한 책들은 옛날부터 내려오는 완전한 비결이 아니라 반쪽의 책이다. 그러나 반쪽이라고 말하는 사람은 없다. 그것은 주역의 원리를 모르기 때문이다. 그래서 늦은 감이 없지 않으나 앞으로 수많은 세월을 생각해서 완전한 해설판을 내놓기로 했다.

· 원공선사 편저

동양철학전문출판 | 삼한

이런 사원이 좋습니다

신비한 동양철학 90

사원선발 면접지침

사회가 다양해지면서 인력관리의 전문화가 매우 필요하며 인력수급 계획이 기업주들의 애로사항이 되었다. 필자는 그동안 수많은 기업의 사원선발 면접시험에 참여했는데 한결같이 기업주들이 면접지침에 관한 책이 하나쯤 있으면 좋겠다는 것이었다. 그리하여 필자가 경험한 사례들을 참작하여 이 책을 내게 되었으니 좋은 사원을 선발하는데 많은 도움이 될 것이라고 믿는다.

· 정도명 지음

새로 나온 평생만세력

신비한 동양철학 91

착각하기 쉬운 썸머타임 2도인쇄

시중에 많은 종류의 만세력이 있지만 이 책은 단순한 만세력이 아니라 완벽한 만세경전이다. 그리고 만세력 보는 법 등을 실러 처음 대하는 사람이라도 쉽게 볼 수 있도록 편집하였다. 또 부록편에는 사주명리학, 신살 종합해설, 결혼과 이사 택일, 이사 방향, 길흉보는 법, 우주의 천기와 우리나라 역사 등을 수록하였다.

· 백우 김봉준 편저